HERÓIS da
Guitarra Brasileira

Leandro Souto Maior & Ricardo Schott

HERÓIS da Guitarra Brasileira

A história do instrumento por seus principais nomes

Cat. 57-L

Irmãos Vitale S/A indústria e Comércio
www.vitale.com.br
Rua França Pinto, 42   Vila Mariana   São Paulo   SP
CEP 04016-000 Tel: 11 5081-9499 Fax: 11 5574-7388

© Copyright 2014 by Irmãos Vitale S.A. Ind. e Com. - São Paulo - Brasil
Todos os direitos autorais reservados para todos os países. *All rights reserved.*

Projeto gráfico, diagramação e capa:
Luciana Mello e Monika Mayer

Revisão ortográfica:
Marcos Roque

Fotos:
Editora O Dia S/A

Produção editorial:
George Patiño

Produção executiva:
Fernando Vitale

Créditos fotográficos:
Alexandre Brum/Agência O Dia: pág. 78 (Andreas Kisser e Pepeu Gomes)
Ana Paula Amorim: pág. 49 (Paulinho Guitarra)
André Luiz Mello/Agência O Dia: pág. 43 (Lulu Santos)
Ernesto Carriço/Agência O Dia: pág. 76 (Frejat)
Felipe O'Neill: págs. 6 (Pepeu Gomes), 20 (Lulu Santos), 26 (Celso Blues Boy), 34 (Lanny Gordin), 40 (Luiz Carlini), 68 (Toninho Horta), 93 (Edgard Scandurra), 164 (Davi Moraes)
Fernando Souza/Agência O Dia: pág. 102 (Frejat) e foto dos autores
João Laet/Agência O Dia: págs. 8 (Herbert Vianna), 52 (Pepeu Gomes), 110 (Herbert Vianna)

CIP-BRASIL. CATALOGAÇÃO NA FONTE
SINDICATO NACIONAL DOS EDITORES DE LIVROS – RJ.

M192h
Maior, Leandro Souto, 1973
   Heróis da guitarra brasileira / Leandro Souto Maior, Ricardo Schott. – 1. ed. – São Paulo: Irmãos Vitale, 2014.
   144 p. ; 23 cm.

   Apêndice
   Inclui bibliografia
   ISBN 978-85-7407-428-3

     1. Música – Brasil – História e crítica. 2. Músicos – Brasil. 3. Música para guitarra. 4. Guitarra elétrica. I. Schott, Ricardo. II. Título.

14-14572
                                                  CDD: 780.981
                                                  CDU: 78(81)

30/07/2014   04/08/2014

Sumário

Prefácio 7
Introdução 9

1. LÁ NOS PRIMÓRDIOS OS PIONEIROS
Bola Sete, Dodô, Osmar Macedo, Poly, Zé Menezes 12
GUITARRAS PARA O POVO! 17

2. OS PRIMEIROS HERÓIS
Aladdin 22
Armandinho 23
Celso Blues Boy 26
Gato 29
Hélio Delmiro 30
Heraldo do Monte 33
Lanny Gordin 34
Lucinha Turnbull 38
Luiz Carlini 40
Lulu Santos 43
Olmir Stocker 46
Paulinho Guitarra 49
Pepeu Gomes 52
Renato Barros 55
Robertinho de Recife 56
Robson Jorge 59
Sérgio Dias 62
Sérgio Hinds 65
Toninho Horta 68
Wander Taffo 71
É PROIBIDO PROIBIR A GUITARRA ELÉTRICA 74

3. NÓS TAMBÉM SOMOS HERÓIS
Andreas Kisser 78
André Christovam 81
André Geraissati 83
Antenor Gandra 85
Augusto Licks 86
Bento Hinoto 87
Cláudio Venturini 88
Eduardo Ardanuy 91
Edgard Scandurra 93
Fabio Golfetti 96
Faiska 97
Frank Solari 98
Frederyko 99
Frejat 102
Gabriel O'Meara 105
Heitor TP 106
Helcio Aguirra 109
Herbert Vianna 110
Jão 113
Jay Vaquer 114
John Flavin 117
Juninho Afram 120
Kiko 121
Kiko Loureiro 122
Lucio Maia 124
Luis Vagner 126
Marcelo Sussekind 129
Mario Neto 130
Mimi Lessa 132
Mozart Mello 133
Natan Marques 134
Paulo Rafael 137
Pedro Lima 138
Perinho Albuquerque 141
Perinho Santana 144
Piska 146
Rafael Bittencourt 147
Renato Piau 148
Ricardo Silveira 151
Rick Ferreira 153
Roberto de Carvalho 155
Sergio Serra 158
Victor Biglione 159
GUITARRADA 162

4. EI, VOCÊS NÃO VÃO FALAR DA GENTE?
Beto Lee, Bruno Kayapy, Catatau, Davi Moraes, Jr. Tostoi, Pedro Baby, Pedro Sá 166

Agradecimentos 174
Referências 176

PREFÁCIO

Embora não haja ensino da música nas escolas, o brasileiro é um povo bastante musical. E o Brasil é um país de grandes músicos em todos os instrumentos. Os grandes nomes da guitarra confirmam a sequência direta dessa musicalidade, sem falar do violão brasileiro, que é algo bem típico e tradicional da nossa linguagem. E esse violão termina por nos conduzir para a guitarra.

Este livro é de grande importância porque o Brasil já tem uma bela seleção de guitarristas. Apesar de a guitarra até ter sido combatida na história da nossa música (informação citada neste livro), ela existe de maneira consistente na cultura brasileira.

Vários dos grandes guitarristas brasileiros são partes fundamentais na minha própria formação musical, assim como (com certeza) na de muitos músicos do Brasil afora (e até do mundo). São nomes como Pepeu Gomes, Armandinho, Luiz Carlini, Bola Sete, Paulo Rafael, Robertinho de Recife, Lanny Gordin, Sérgio Dias e até o Heraldo do Monte que, embora faça parte de uma praia diferente da minha, eu curto muito. E todos esses nomes estão listados aqui neste *Heróis da guitarra brasileira*.

Roberto Frejat

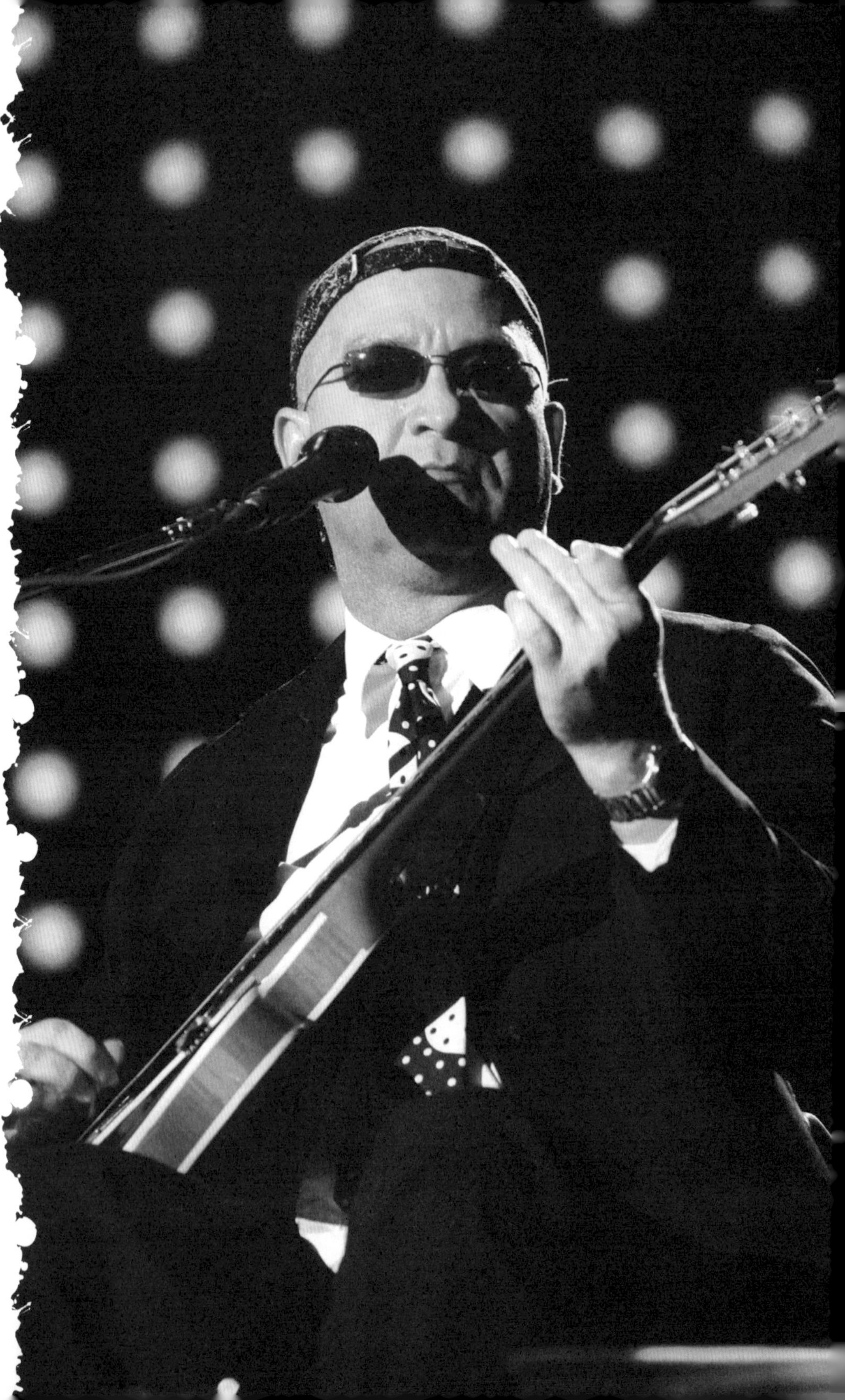

INTRODUÇÃO

1, 2, 3, 4...

O primeiro mestre de guitarra de um herói da guitarra foi, muitas vezes, um cara que não era uma lenda indiscutível. Era aquele guitarrista que tocava na igreja, durante a missa de domingo, por exemplo. Ou o titular das seis cordas elétricas de um bar da esquina. Ou ainda o irmão mais velho, que sabia fazer uns solos, conhecia uns acordes e se dispôs a ensinar ao mano mais novo, mesmo que aos gritos de "presta atenção, pirralho!". Sem eles, no entanto, muita gente não teria se iniciado no instrumento e este livro mal existiria. Temos razões pessoais para oferecer o livro às pessoas que amamos (pais, amigos, professores etc.), mas, no fundo, é a esses heróis desconhecidos que *Heróis da guitarra brasileira* é dedicado.

Prepare-se porque, daqui a poucas linhas, você vai conhecer histórias de músicos muito especiais. Gente que, na época em que não havia nada, sabia que precisava existir alguma coisa. Músicos que aproveitaram bem as lições dadas por outras pessoas mais experientes, por lendas indiscutíveis, heróis particulares e mergulharam no universo da guitarra, instrumento que, ainda que se passem 200 anos, continuará fazendo muito moleque sonhar.

Não tivemos muito tempo, no período de produção deste livro, de procurar saber se existem outros com o mesmo assunto. Provavelmente existam e isso é bom, pois, um tema como esse merece outras leituras. Com essas páginas, a ideia é dar uma organizada, contar algumas histórias jamais contadas e dar aos grandes nomes da guitarra brasileira um tratamento diferente do habitual. Cada herói ganhou sua fichinha, com nascimento, influências, guitarras e alguns levaram ainda um textinho especial, com o comentário de algum disco importante que tenham participado.

Bem, é isso! Chega de papo e vamos logo deixar rolar o som com nossos heróis. Trata-se de um livro, não de um disco, mas nossa recomendação não poderia ser outra: leia no volume máximo!

Leandro Souto Maior & Ricardo Schott, **julho de 2014**

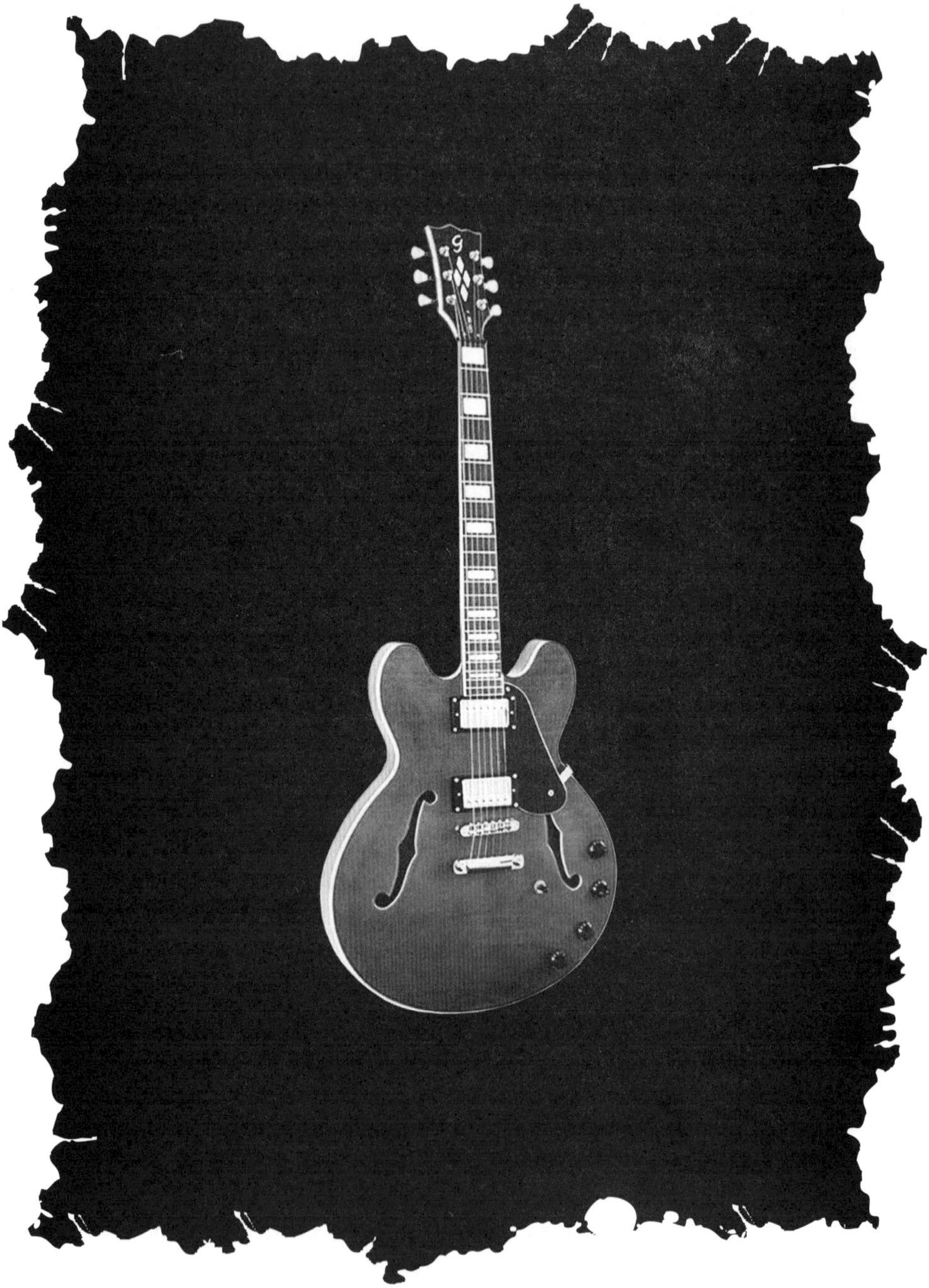

1
LÁ NOS PRIMÓRDIOS OS PIONEIROS

Parece até aquela velha disputa pela paternidade do samba: **Ele nasce na Bahia ou no Rio de Janeiro?** Pois rola algo parecido com a história da guitarra brasileira

A guitarra não aparece no Brasil por acaso. Violões elétricos já são usados em shows e estúdios brasileiros nos anos 1930. E os músicos do Brasil já têm contato com o instrumento através de viagens ao exterior, filmes, discos e pelo rádio.

"Havia uma base naval norte-americana em Fortaleza (CE) na época da Segunda Guerra Mundial e, por causa dos soldados, as rádios de lá tocavam muitas *big bands* dos Estados Unidos, que já tinham guitarristas. Isso influenciou músicos como o Zé Menezes", relata Eduardo Visconti, professor de guitarra elétrica da Universidade Estadual de Campinas (Unicamp), autor de pesquisa de doutorado sobre o instrumento no Brasil. "Li, certa vez, uma biografia do [violonista] Garoto que falava que, quando esteve nos Estados Unidos, ele frequentou um bar em Nova York no qual tocava a banda do [jazzista] Benny Goodman. E lá, ele viu guitarra ao vivo. Mas a maioria dos músicos pegava informações pelo rádio. Também já havia discos de jazz e blues saindo por aqui."

Quanto à verdadeira origem da guitarra brasileira, tem gente que jura que ela nasce pelas mãos de um músico do Rio de Janeiro, o violonista Henrique Britto, do Bando de Tangarás (grupo que chega a contar até com Noel Rosa em sua formação). Em 1933, o Bando faz uma excursão pelos Estados Unidos e passa cerca de um ano por lá. Britto, a partir do projeto de um amigo brasileiro, adapta captadores ao violão e o leva para a Dobro Corporation (fabricante daqueles violões de aço usados em blues, com o corpo feito em metal, comumente chamados pelo nome da fábrica).

Ocorre que não é só no Rio que se ouve o chamado da guitarra: há ainda um paulistano na jogada. O violonista Garoto grava com uma pioneira guitarra havaiana, a partir de 1936, em músicas como "Dolente" e "Sobre o mar". Seja como for, a invenção mais duradoura associada à história do instrumento no Brasil vem da Bahia e é criada nos anos 1940: o pau elétrico, inventado pelos músicos e metalúrgicos baianos Dodô e Osmar Macêdo para animar os trios elétricos no carnaval da Bahia. Adaptado, esse instrumento de quatro cordas e corpo sólido fica mais conhecido como guitarra baiana, nome dado pelo guitarrista Armandinho, filho de Osmar.

Inicialmente, a intrépida dupla faz testes com instrumentos acústicos eletrificados. Na época, a eletrificação de violões estava em moda.

Mas ao colocarem captadores na boca de cavaquinhos, percebem uma microfonia irritante em meio aos solos. Começa uma luta para eliminá-la. Armandinho relata que "o primeiro teste deles foi numa bancada de trabalho, prendendo uma corda entre dois parafusos e colocando o captador embaixo. Conseguem tirar um som incrivelmente alto. Assim, partem para a construção dos instrumentos".

A montagem do pau elétrico é outra luta.

"Eles iam às lojas e pediam o cavaquinho mais resistente. E... pá! Quebravam o instrumento para levar só o braço. O vendedor ficava louco, mas eles: 'Calma, a gente vai pagar!'", entrega Aroldo, irmão de Armandinho e também músico, às gargalhadas. "Na época, quem andava no bonde com instrumento musical na mão depois das 14h era considerado vagabundo. Por isso é que eles quebravam tudo e levavam enrolado no jornal. Em casa, eles prendiam o braço do cavaquinho em um pedaço de pau de jacarandá da Bahia e assim nasce o instrumento."

E ainda hoje novas gerações de músicos continuam se dedicando à guitarra baiana, influenciados pela dupla e inspirados pelo repertório tocado no início da história do trio elétrico.

"Tenho visto uma garotada cada vez mais nova se ligando na guitarra baiana. Não sei se ela atrai a moçada jovem porque é pequena e lembra uma guitarrinha de brinquedo... Tenho testemunhado isso nas plateias dos meus shows", relata Armandinho.

Dodô morre em 1978 de problemas cardiovasculares, em Salvador. Diabético e com insuficiências respiratória e renal, Osmar morre em 1997 de falência múltipla dos órgãos, também em Salvador.

Mais Brasil na guitarra

"**N**ão se pode falar das lendas da guitarra brasileira sem destacar o Poly. Ele tocava guitarra havaiana, *pedal steel*, em São Paulo, na década de 1950. Nunca o vi tocando, mas escutei muito seu som. O Sérgio Dias, dos Mutantes, que é um pouco mais velho do que eu, foi quem viu e me falava dele", reverencia Lulu Santos.

Músico de estúdio, acostumado aos glissandos da guitarra havaiana, o paulistano Ângelo Apolônio ou apenas Poly, começa a atuar nos anos 1930 e, a partir de 1944, grava seus próprios álbuns, solando seu instrumento em meio a foxtrotes, blues e forrós. Acaba virando sinônimo de guitarra brasileira de verdade, disposta a dialogar com nomes como o chorão Waldir Azevedo (nos álbuns *Dois bicudos não se beijam*, vols. 1 e 2, gravados, respectivamente, em 1962 e 1963). Toca ainda com os roqueiros Demetrius (*Rock do saci*, de 1961) e Erasmo Carlos (no álbum *Sonhos e memórias*, de 1972), e ganha até uma guitarra em sua homenagem, a Giannini Apollo.

Já o cearense Zé Menezes divide-se entre vários instrumentos, da guitarra ao banjo. Começa, na verdade, tocando cavaquinho, aos oito anos de idade. Trabalha em algumas rádios e, em 1949, integra, a convite do maestro Radamés Gnatalli, o Quarteto Continental como guitarrista.

"As minhas primeiras guitarras foram de fundo de quintal. Na época, era uma novidade", recorda.

Em visita ao Brasil, o guitarrista norte-americano Les Paul conhece Zé Menezes e lhe dá um modelo importado, uma Gibson Les Paul de 1962, que o brasileiro mantém até hoje.

"Ele adorou um violão de concerto que eu tinha. Dei para ele. Em troca, Les Paul me presenteou com uma guitarra e um amplificador. Aí, passei a gravar com instrumentos decentes. Me tornei o primeiro guitarrista a estar direto em estúdio gravando apenas com guitarra elétrica", orgulha-se.

Em 1965, grava com a Orquestra Sinfônica Continental – regida por Gnatalli – o "Concerto carioca no 1", primeiro para guitarra, piano e orquestra no Brasil, composto pelo próprio maestro. O currículo de Menezes inclui ainda os primeiros álbuns de Roberto Carlos ("Conheço poucos dedos tão ágeis como os de Zé Menezes. Mais ágeis que os dele, eu não conheço nenhum", elogia o rei, em seu especial na Globo, em 1976) e vários discos do grupo Os Velhinhos Transviados, misturando samba com guitarra. "Ô da poltrona" – como diz o jargão eternizado por Renato Aragão, o Didi – se você não sabe, o tema de abertura de *Os Trapalhões* também é de autoria dele.

"Quem sempre me reverenciava era o Mussum: 'Você fez o melhor tema de abertura de todos os tempos, obrigado!', agradecia ele sempre que me via", recorda.

A inspiração para sua criação mais popular surge em 1976, quando trabalha na orquestra da Rede Globo e atende a um pedido do produtor Augusto Cesar Vanucci, para que entre em uma espécie de concurso com outros músicos para a escolha do tema.

"Ele falou: 'Tem que ser uma coisa que acorde o cara que está no sofá cochilando'", detalha o guitarrista, que morre em 2014, vítima de complicações de uma hérnia umbilical.

Contemporâneo de Zé Menezes, o carioca Bola Sete também é um importante nome dos primórdios da guitarra brasileira, dividindo seu tempo entre ela e o violão clássico. Faz suas primeiras gravações no rádio, nos anos 1940, quando forma um trio imbatível com Zé Menezes e Garoto ("Eles tinham o monopólio das gravações", lembra o então novato Baden Powell, no livro *O violão vadio de Baden Powell*, de Dominique Dreyfus). Muda-se para a Itália em 1952 e, indo e vindo ao Brasil, passa a gravar pela Odeon a partir de 1957, sempre privilegiando a guitarra elétrica em seus discos. Em 1959, Bola Sete parte para os Estados Unidos e faz carreira por lá. Participa, em 1962, do Festival de Jazz de Monterey (onde toca com Dizzy Gillespie) e do lendário Festival da Bossa Nova no Carnegie Hall, em Nova York. Morre em 14 de fevereiro de 1987, na Califórnia, de pneumonia e câncer nos pulmões.

Bola Sete
Djalma de Andrade
Rio de Janeiro, RJ, 1923 / Greenbrae, EUA, 1987

INFLUÊNCIAS:
Dilermando Reis, Django Reinhardt, Barney Kessel, Charlie Christian, Oscar Moore

GUITARRA:
Epiphone

Dodô
Adolfo Antonio Nascimento
Salvador, BA, 1913 / Salvador, BA, 1978

Osmar
Osmar Alvares Macêdo
Salvador, BA, 1923 / Salvador, BA, 1997

INFLUÊNCIAS:
Waldir Azevedo, Jacob do Bandolim, Garoto, clássicos, frevo

GUITARRA:
Pau elétrico

Poly
Ângelo Apolônio
São Paulo, SP, 1920 / São Paulo, SP, 1985

INFLUÊNCIAS:
Canhoto, Jacob do Bandolim, Garoto, Wes Montgomery

GUITARRA:
Giannini

Zé Menezes
José Menezes de França
Jardim, CE, 1921 / Teresópolis, RJ, 2014

INFLUÊNCIAS:
"Garoto foi minha maior inspiração"

GUITARRAS:
Gibson Les Paul, Fender Stratocaster, Gibson Jazz Guitar

Guitarras
PARA O POVO!

Phelpa, Del Vecchio, Snake, Giannini, Tonante. Nos anos 1960-70 não é tarefa fácil importar uma Fender Stratocaster. Essas são as guitarras nacionais mais populares da época. O Roberto Carlos recorda com carinho, em uma entrevista para a revista *Bizz*, em 1988, que sua primeira guitarra foi uma Giannini, seguida de uma Phelpa.

A Tonante reina desde os anos 1950 como uma das guitarras mais populares do Brasil. É o primeiro instrumento de muita gente, dos primórdios do rock nacional até os tempos durangos do começo do punk brasuca. Sua história começa em 1954, com a fundação da empresa Ao Rei dos Violões Ltda. pelos irmãos portugueses Abel e Samuel Tonante (já ouviu falar ou se lembra das afamadas guitarras Rei?). Com seu fechamento, nos anos 2000, alguns de seus antigos funcionários montam a empresa Clave Sonora, que também fabrica instrumentos.

"A Tonante tirou muito moleque do caminho do mal e levou para a música. Tinha Tonante Les Paul, Tonante Val Star. Ela foi o equivalente da Danelectro, uma fábrica norte-americana que não faz guitarras tão elaboradas, mas cujos instrumentos já foram usados por Jimi Hendrix", ressalta o guitarrista brasiliense, mas radicado no Rio de Janeiro, João Paulo Rodrigues.

João é tão tarado pela empresa que cria o Projeto Tonante, que relê clássicos do rock com as guitarras da fábrica.

"Ela tem lados ruins. A ponte é colocada sempre em lugares bizarros, por exemplo. Mas o guitarrista é obrigado a aprender a afinar, a mexer bem no instrumento", defende.

A Snake e a Phelpa são "queridonas" de muitos nomes do rock brasileiro. No meio dos anos 1970, a Snake se divide e passa a fabricar somente amplificadores com essa marca – as guitarras passam a ganhar a denominação Ookpik. Del Vecchio e Giannini, impossível não saber, estão aí também. A primeira faz até guitarras havaianas em meio a violões e banjos, e a segunda destaca a volta de um *must* dos anos 1970: a guitarra Diamond.

Alex, Begher e Sonelli também são marcas populares nos anos 1960-70, quando os *luthiers* (profissionais que constroem e fazem manutenção em instrumentos musicais de corda com caixa de ressonância) têm que se virar e soltar a imaginação para inventar seus modelos diferenciados (não somente o *design* do instrumento, mas até a criação de peças). Depois surgiram Jennifer, Finch, Golden, Dolphin e Tagima (esta última, a mais bem-sucedida de todas).

"As guitarras importadas são maravilhosas. Você tem muito mais chances de acertar na compra. Você vai pagar caro, mas vai ter um instrumento espetacular nas mãos. Já as nacionais, o grande lance é que cada guitarra conta uma história diferente, e com um pouco de sorte você até encontra uma melhor que uma importada", compara o guitarrista Edgard Scandurra, um dos heróis deste livro. "Minha primeira guitarra foi uma Giannini emprestada, imitação de Gibson SG. Eu tinha 16 anos e logo depois consegui minha primeira guitarra, outra Giannini, que tenho até hoje e é a minha favorita", derrete-se.

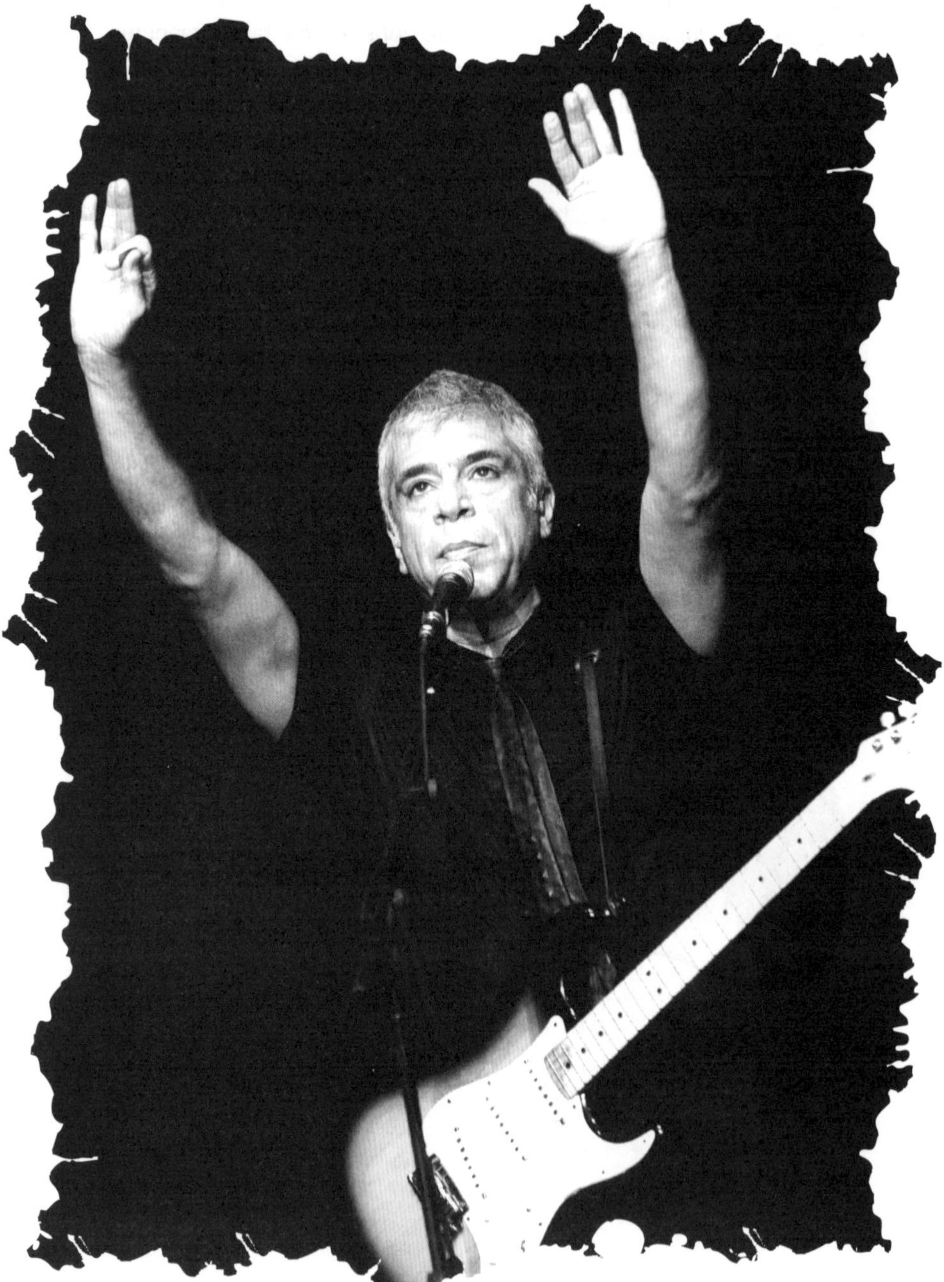

2
OS PRIMEIROS HERÓIS

Nada foi o mesmo depois que eles apareceram. **Quando não havia ninguém, havia eles.** E os primeiros a aparecer são...

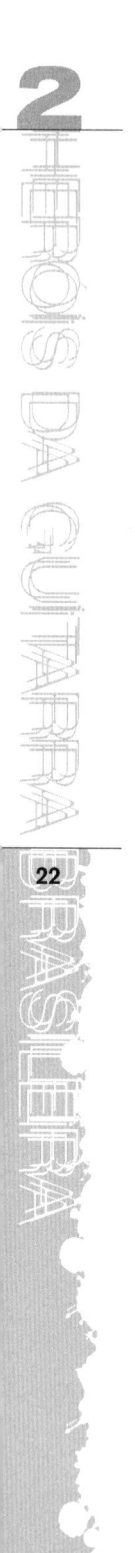

Aladdin
O som natural da surf music

Romeu Mantovani Sobrinho
São Paulo, SP, 1941

INFLUÊNCIAS:
Hank Marvin, Al Caiola, Duane Eddy, Dick Dale, Scotty Moore

GUITARRAS:
Fender Stratocaster, Danelectro

Fera da surf music nativa, o The Jordans começa sob o nome de Los Muchachitos fazendo serestas para as meninas no bairro paulistano Tatuapé. No repertório, os boleros da moda, de nomes como Lucho Gatica e Bienvenido Granda.

"Aí, quando surgiu o rock and roll no Brasil com o filme *No balanço das horas* (*Rock Around the Clock*, de 1956), aderimos ao gênero como toda a juventude que estava embalada na nova onda", recorda Aladdin, um de nossos primeiros heróis roqueiros das seis cordas.

O grupo muda o nome para The Three Plays e, após alterações na formação, passa, finalmente, a se chamar The Jordans. Inspirado por bandas como Ventures e Shadows, o primeiro lançamento é um 78 rpm (*Bouddha*, pelo selo Mocambo). Contratados pela gravadora Copacabana, eles registram mais uma série de LPs e compactos, e emplacam sucessos como *Blue-star* e a regravação do *Tema de Lara*, da trilha do filme norte-americano *Doutor Jivago*.

"Com essa música, ganhamos o troféu Roquette-Pinto e a consagração internacional. Ela nos proporcionou uma temporada na Europa em 1967 e o lançamento na Itália, França, Suíça e Inglaterra", lista.

Não só isso: em Londres, a banda encontra os Beatles (em carne e osso) em um restaurante italiano.

"Eles nos convidaram para conhecer seu estúdio e filmamos o encontro em Super 8. Estávamos no elenco fixo do [programa] *Jovem Guarda* na época e até o Roberto Carlos não acreditou quando contamos para ele", alegra-se.

Também fazem contato com os ídolos da banda Shadows. Entre idas e vindas, o The Jordans ainda existe. Acumula 15 LPs, 45 compactos, 35 discos de 78 rpm, 10 CDs e um DVD (*Nossa história*). Lenda viva da nossa surf music, Aladdin recomenda aos mais novos:

"Hoje, temos muita tecnologia em equipamentos para guitarra e amplificadores. Mas digo ao guitarrista que quer se dedicar à surf music que volte no tempo e procure tocar a guitarra com o máximo de som natural. Deixe fluir sua alma em cada acorde ou nota executada".

Armandinho
Ás da guitarra baiana

Armando da Costa Macêdo
Salvador, BA, 1953

INFLUÊNCIAS:
Garoto, Waldir Azevedo, Jimi Hendrix

GUITARRA:
Guitarra baiana

Os virtuosos internacionais Steve Vai e Joe Satriani solando na guitarra baiana? Calma, isso é só um sonho: o instrumento eletrificado de quatro cordas que se torna a cara dos trios elétricos nunca passou pelas mãos desses músicos gringos. Mas Armandinho, o maior defensor da guitarrinha (que, desde 1983, a usa com uma corda extra para obter um som mais encorpado), não deixa de imaginar a cena. Já o guitarrista norte-americano Stanley Jordan, com quem chega a se apresentar, ganha a sua.

"Dei uma de presente para ele na turnê que fizemos pelo Brasil. Ele ficou muito curioso e chegou a experimentar usando sua técnica peculiar de tocar", conta Armandinho, ressaltando a maneira única como Jordan executa a guitarra, digitando com ambas as mãos no braço do instrumento e acrescentando técnicas de piano.

Seu pai, Osmar Macêdo, criador do trio elétrico e do pau elétrico, não dava moleza. Desde criança, Armandinho o escutava falar que "música não enche barriga". Mas com tanto som em casa, não tem jeito: todos os quatro filhos viram músicos. "Graças a Deus", completa o guitarrista.

"Ficava fascinado vendo o meu pai tocar. Quando, em um belo dia de carnaval, passou na televisão (que era novidade em 1961) ele com seu companheiro Dodô no trio elétrico todo iluminado. Chorei de emoção!", confessa.

Em 1964, aos dez anos de idade, Armandinho estreia à frente de um trio elétrico mirim montado por Osmar.

"Eu era o solista e já tinha meu pau elétrico", orgulha-se. Anos depois, ele cria o nome "guitarra baiana" para definir a invenção. "Ter um amplificador e um instrumento elétrico maciço era comum para mim. Não imaginava o quanto estava à frente do que viria no decorrer dos anos 1960. Beatles, Stones, Jimi Hendrix... Este último, um marco, que mostrou todas as possibilidades da distorção em solos alucinógenos fantásticos. Mas, para mim, já estava tudo ali anos antes. O frevo passa a ser o meu rock e o pau elétrico, a minha guitarra!"

Em 1969, a fama daquele guitarrista-bandolinista mirim chega ao público via *A Grande Chance*, programa apresentado por Flávio Cavalcanti na TV Tupi. Grava, em 1970, um compacto (com a apresentação do programa) e um LP. Depois, acompanha Moraes Moreira em seu primeiro LP solo, de 1975, ao lado de um embrião do grupo A Cor do Som: Gustavo Schroeter (bateria) e Dadi (baixo). A eles se juntam Mu Carvalho (teclado) e Ary Dias (percussão). E fazem muito sucesso!

Atualmente, Armandinho acompanha e comanda algumas das inovações no instrumento que batizou. Em quase duas décadas de parceria com o *luthier* Elifas Santana, já contabiliza mais de duas mil guitarras baianas.

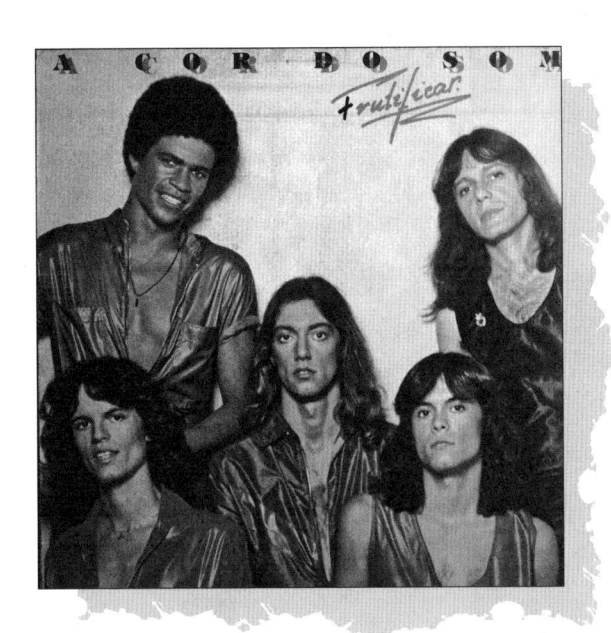

A Cor do Som

GRAVANDO:
Frutificar

Warner, 1979

Apesar de prestigiados como músicos e como grupo instrumental de primeira linha a partir de A Cor do Som *(1977)* e Ao vivo em Montreux *(1978)*, os rapazes da banda demoram a fazer tilintar os cofres da Warner, recém-instalada no Brasil. Para o terceiro disco, a gravadora pede uma história diferente: sugere que os cinco, sem muitos cacoetes de cantores, soltem a voz em algumas músicas. Atender ao pedido da empresa não é fácil. O baixista Dadi recorda de, certa vez, ter "enxugado" uma garrafa de vinho para tomar coragem de gravar os vocais em "Abri a porta". O álbum Frutificar torna-se o primeiro sucesso de verdade de A Cor do Som.

O instrumental continua o fino, repleto de grandes solos, em temas como "Frutificar" e "Pororocas". E é em outro tema sem letra, "Ticuricariquetô", em que se localizam as grandes distorções de Armandinho, que solta o braço com rapidez espantosa. O lado mais pop, que se ouve até hoje no rádio, fica por conta de músicas como "Abri a porta" e "Swingue menina", ecos de um período luminoso da música pop brasileira, quando excelência musical era posto até mesmo em rádios FM.

Celso Blues Boy
O rei do blues tropical

Celso Ricardo Furtado de Carvalho
Rio de Janeiro, RJ, 1956 / Joinville, SC, 2012

INFLUÊNCIAS:
B.B. King, Eric Clapton

GUITARRAS:
Fender Stratocaster, Fender Telecaster, Gibson Les Paul

O primeiro disco começa com um grito: "SOM NA GUITAR-RAAA!!!". A frase, inclusive, dá título ao álbum, de 1984, e introduz a mais clássica de suas composições, "Aumenta que isso aí é rock and roll". O apelido, que vira nome artístico (e é um presente do cantor e compositor Luis Carlos Sá, da dupla Sá & Guarabyra, que o guitarrista acompanha no início da carreira), vem do ídolo norte-americano do blues B.B. King (o Blues Boy King). E é a mistura de rock and roll com blues (e algumas doses de country) que define a música de Celso Blues Boy.

"Nunca fiz uma música limitada. Canto em português, mas passeio pelo rock, pelo blues, country e folk sem agredir a essência dos gêneros", define Blues Boy.

Enquanto o dito movimento do rock brasileiro dos anos 80 ainda ensaia sua explosão, ele já é bravo soldado a moldar o gênero, disparando escalas eletrizantes de sua guitarra, a Fender Stratocaster preta com braço branco que o acompanha por anos e vira sua marca.

"Comprei essa guitarra em 1979, mas fiquei pouco com ela", recorda o amigo e também guitarrista Victor Biglione. "Acabei vendendo para o Celso e ela se tornou 'a guitarra preta do Blues Boy!', sua marca registrada."

Celso azeita uma receita brasileira para o que aprende nos discos de seus mestres do blues e do blues-rock internacional, e escancara as portas para a projeção de uma geração de grupos e artistas dedicados ao gênero, como Blues Etílicos e André Christovam. Outro de seus méritos é fazer resistir os solos de guitarra (e mais: colocá-los nas FMs e em programas de televisão) em meio aos sintetizadores e baterias eletrônicas que ditam a moda do pop rock da época.

Nos últimos tempos, antes de morrer vítima de um câncer na garganta, Celso Blues Boy vai buscar inspiração em uma chácara em Joinville, Santa Catarina.

"Gosto mesmo é de sossego. E de coisas velhas. Até vitrola eu ainda tenho. Lido de uma forma muito legal com a internet: simplesmente não acesso", descarta, sem perder o bom humor.

Celso Blues Boy

GRAVANDO: Polygram, 1984
Som na guitarra

Antes mesmo de sair o primeiro disco de Celso Blues Boy, uma fita cassete com a gravação caseira de sua música "Aumenta que isso aí é rock and roll" entra na programação da Rádio Fluminense FM, emissora de rock em Niterói (RJ) responsável por revelar boa parte dos talentos da década de 80. A faixa vira hino roqueiro.
Além de criatividade e virtuosismo nas seis cordas, Blues Boy se destaca também por suas composições, uma perfeita tradução do blues e do chamado rock clássico para a língua portuguesa. Não é fácil fazer uma boa letra no nosso idioma que se encaixe naturalmente nos 12 compassos do ritmo do Mississippi. Mas em "Brilho da noite" ou "Blues Motel", ele mostra como se faz. E não em apenas algumas canções, mas em um, dois, três, quatro, cinco álbuns. Som na guitarra emplaca ainda outros sucessos que se tornam clássicos, como "Fumando na escuridão", "Tempos difíceis" e "Amor vazio".
"Celso Blues Boy foi um dos grandes guitarristas de blues do Brasil", resume Paulinho Guitarra, outro herói brasileiro do instrumento. "E ele tinha um carisma enorme. Eu toquei com ele por cerca de um ano e ficava abismado com o público grande e fiel que ele tinha."

Gato
Surfando na onda do Rei

José Provetti
Valparaíso, SP, 1941 / Rio de Janeiro, RJ, 1996

INFLUÊNCIAS:
Hank Marvin, Bob Bogle, Don Wilson

GUITARRAS:
Giannini, Phelpa

O dia 24 de fevereiro de 1991 é especial para a história do The Jet Black's, uma de nossas primeiras bandas de surf music, e para a vida de Gato, ex-guitarrista do grupo, afastado do instrumento desde 1973.

"Vladimir D'Angelo, ex-divulgador da gravadora Brasidisc, consegue algo inédito: o encontro entre Gato e Jurandi [baterista da banda] em São Caetano do Sul (SP), na casa do Guilherme Dotta [guitarrista que substitui Gato no grupo]. Foram convidados, além de músicos componentes da formação da época, Aladdin, Tony [ambos do Jordans], Nenê [Os Incríveis]. Foi realmente um encontro memorável", afirma o escritor Eduardo Reis, autor de um livro sobre a história do The Jet Black's, *Os jatos negros da Jovem Guarda*.

A iniciação de Gato ocorre no violão clássico, logo que sua família se muda de Valparaíso (SP) para a capital paulista. Aos dez anos de idade, atendendo ainda apenas pelo nome verdadeiro (José Provetti), já toca música caipira com um sujeito chamado Zé Cascudo.

"Ele tocava uma viola. Ganhou, nessa época, o primeiro cachê. Apresentavam-se em um parque de diversões, até que um militar gostou tanto da dupla que deu dois mil réis para eles", conta Reis.

Quando a guitarra surge na vida de José Provetti, o músico vira Gato.

"Na Rádio Piratininga, ele ganha o apelido 'o gato da guitarra', porque era muito ágil", explica.

Após desentendimentos com os colegas do The Jet Black's, em 1966, Gato sai do grupo para tocar contrabaixo no quarteto do músico Renato Mendes e acaba conseguindo a vaga de guitarrista de ninguém menos que Roberto Carlos.

"O primeiro show dele com o Rei foi em 20 de outubro de 1966", localiza o escritor.

Gato participa do auge da fase jovem guardista e do começo do período soul do cantor. Deixa a banda em 1973, na época da segunda temporada no Canecão (extinta casa de shows no Rio de Janeiro). Roberto Carlos chega a montar um bar para o guitarrista tocar a vida.

"Em 1982, Jurandi foi procurar o Gato para que ele retornasse ao The Jet Black's. Nessa época, ele já tinha vendido o bar e trabalhava de motorista para um japonês. Mas estava com alguns problemas e não podia assumir compromissos com o Jurandi", conta Reis.

Gato morre em 1996, devido a sequelas provenientes de um derrame cerebral, sumido da música e pouco lembrado como um de nossos heróis.

Hélio Delmiro
Notas oitavadas e influência do jazz

Hélio Delmiro de Souza
Rio de Janeiro, RJ, 1947

INFLUÊNCIAS:
Baden Powell, Wes Montgomery, Jim Hall, George Benson

GUITARRAS:
Gretsch English Gentleman,
Ibanez semiacústica,
Gibson 335

Hélio Delmiro é o cara! Daqueles de quem se pode dizer que se trata dos maiores guitarristas e violonistas brasileiros.

"Eu sou a escola desse instrumento", gaba-se ele.

É verdade que, quando pega a guitarra, as pessoas logo identificam: "É o Delmiro tocando". Ele cria seu próprio estilo, um jeito brasileiro de se tocar o jazz, com um tanto de blues, rock, choro ou samba. E é esse jeitão que Clara Nunes, Djavan, Elis Regina, João Bosco, Milton Nascimento, Nana Caymmi, Tom Jobim, a gringa Sarah Vaughan (ufa!, a lista é grande), entre outros, escolheram e escolhem para colorir seus shows ou gravações.

"Eu pegava um disco do Baden Powell, por exemplo, e ficava comparando, para avaliar, tecnicamente, como eu estava, porque eu estudava técnica sozinho e não sabia, não tinha orientação", conta o guitarrista no livro *A onda que se ergueu no mar*, de Ruy Castro.

Hélio Delmiro não cansa de apontar Baden como sua principal influência. Também entram na lista o saxofonista John Coltrane e o trompetista Miles Davis. Da guitarra, Wes Montgomery, de quem assume as frases com notas oitavadas que se tornam uma de suas marcas. Palheta, ele dispensa.

Delmiro é dos músicos que mais trabalham no Brasil nos anos 1970-80. Em 1981, lança o elogiado álbum *Samambaia*, em parceria com o pianista César Camargo Mariano. A intensa vida artística diminui o ritmo quando se torna evangélico, em 1986. Sem nunca largar a música, desde 2004 se apresenta também cantando.

"Quando a gente canta, o público atinge outro nível de percepção da música. Que nem faz o George Benson, que tem um lado instrumental, mas também canta", destaca.

Elis Regina e Tom Jobim

GRAVANDO: Philips, 1974
Elis & Tom

Uma obra de referência mundial. Para fazer frente ao naipe dos protagonistas Elis Regina e Tom Jobim, dois dos mais relevantes artistas brasileiros, um time invejável é escalado: Hélio Delmiro (guitarra), Luizão Maia (baixo), Paulinho Braga (bateria), além das participações de César Camargo Mariano (teclado) e Oscar Castro-Neves (violão). O resultado é um disco histórico, gravado em Los Angeles, nos Estados Unidos. Do repertório, bastaria dizer que tem "Águas de março". Mas ainda apresenta outros clássicos compostos por Tom Jobim, sozinho ou com parceiros, como "Só tinha que ser com você" e "Pois é".

Delmiro participa ainda de mais alguns álbuns da cantora e elege Elis, essa mulher, de 1979, como um marco de sua maturidade artística – um dos últimos sucessos de Elis, esse disco traz a fundamental "O bêbado e a equilibrista" (João Bosco e Aldir Blanc).

"Toquei quatro anos com a Elis e a gente ali mudou a forma de se tocar o samba", orgulha-se o guitarrista.

Heraldo do Monte
Guitarra com sotaque nordestino

Heraldo do Monte
Recife, PE, 1935

INFLUÊNCIAS:
Jacob do Bandolim, Tal Farlow, Chuck Wayne

GUITARRAS:
Ibanez, Gibson

Grande nome da guitarra brasileira e também do violão, dono de um especial toque jazzístico, Heraldo do Monte tem lá suas passagens pelo rock. Em 1963, "segura" a guitarra em "Vigésimo andar", versão em português de "Twenty Flight Rock", do roqueiro norte-americano Eddie Cochran, gravada aqui pelo cantor Albert Pavão. Acaba mais conhecido pelas gravações que faz em álbuns de Dick Farney, Eduardo Gudin, Paulinho Nogueira, Elis Regina e Paulo Vanzolini, e por seus lançamentos solo, como "Guitarra brasileira", de 2004.

Os primeiros passos na música são como clarinetista. Na intuição, migra para o violão, avançando logo para outros instrumentos de cordas, como cavaquinho, viola caipira e guitarra.

"Toquei em orquestras de frevo do Recife. O problema é que o clarinete dá uma só nota de cada vez e eu queria ouvir a coisa harmônica. Comprei um violão e fui aprender", conta o guitarrista, em 2012, ao programa *Venegas Music TV*, apresentado na internet pelo músico Ivan Barasnevicius.

Heraldo do Monte considera ter descoberto sua sonoridade ideal ao ingressar no Quarteto Novo, em 1966 – na guitarra e no violão, dividindo palcos com Théo de Barros, no contrabaixo; Hermeto Pascoal, no piano e na flauta; e Airto Moreira, na bateria e na percussão.

"Nessa época, a coisa ficou radicalmente diferente, pois estávamos fazendo uma improvisação de influência brasileira, do lado mouro do nordestino", explica ao *Venegas Music*, sobre a mescla de be-bop com sons do lado de cima do Brasil – incluindo aí repentistas, bandas de pífanos, violeiros – que leva o grupo à era dos festivais (acompanham Edu Lobo em "Ponteio" e Jair Rodrigues em "Disparada") e a shows internacionais (é com Edu a primeira excursão fora do Brasil). "Existe uma guitarra brasileira sim, mas quem força o sotaque brasileiro acaba ficando sem sotaque. Tem que ser uma coisa não pensada, é só deixar tocar", decreta.

Lanny Gordin
As cordas mágicas do tropicalismo

Alexander Gordin
Xangai, China, 1951

INFLUÊNCIAS:
Heraldo do Monte, Sérgio Dias, Pepeu Gomes, Toninho Horta, Wes Montgomery, Jimmy Page, Eric Clapton, Jeff Beck, Jimi Hendrix, John McLaughlin, Larry Corryell

GUITARRAS:
Giannini Supersonic, Phelpa, Gibson Les Paul, Gibson 175

Sérgio Dias ou Lanny Gordin? De acordo com o primeiro, guitarrista dos Mutantes, nunca houve um duelo entre os dois grandes nomes da guitarra do tropicalismo (movimento cultural capitaneado por Gilberto Gil e Caetano Veloso nos anos 1960).

"A gente só tirava um som junto", relata Dias. "Aliás, tudo de harmonia que aprendi na minha vida está dentro de uma música que o Lanny me ensinou, um arranjo que ele fez para 'Preciso aprender a ser só'", reverencia o mutante.

Alexander Gordin nasce em Xangai, na China, se instala em São Paulo e se torna, nos anos 1960-70, um dos principais responsáveis por abrasileirar a guitarra. Em uma época em que o instrumento é ainda quase uma novidade, ele deixa mais sujo, distorcido e intenso (graças ao largo uso do célebre *pedal fuzz*) os sons de Gilberto Gil, Caetano Veloso, Gal Costa, Silvinha Araújo, Eduardo Araújo (este último o cita nominalmente no compacto lisérgico *Nem sim, nem não*), Antonio Carlos & Jocafi, Rita Lee (é um dos artífices do primeiro álbum solo da cantora, *Build Up*, de 1970) e Tim Maia ("Chocolate", do mestre brasileiro do suingue, traz suas seis cordas). Tudo graças a Jimi Hendrix.

"Quando o ouvi tocar pela primeira vez, falei: 'Nossa, o que é isso?'. Foi graças a ele que passei a tocar com o *fuzz*, que se tornou minha marca registrada. Mas hoje eu toco de forma diferente, em busca de um som mais puro", diz Lanny Gordin, em 2013, ao jornalista Carlos Albuquerque, do jornal *O Globo*.

Abatido ainda durante a década de 1970 por causa dos excessos de tempos anteriores e da esquizofrenia (Nelson Motta chega a publicar uma crônica na qual pergunta "Onde está Lanny Gordin?"), o guitarrista experimenta um renascimento a partir dos anos 2000, com as gravações dos discos solo *Lanny Gordin* (2001), *Lanny duos* (2007, com participações de Vanessa da Mata, Rodrigo Amarante e Adriana Calcanhotto, entre outros) e o mais recente *Lanny's Quartet* (2013, ao lado de Luiz Carlini, Frejat, Edgard Scandurra e mais uma constelação de guitarristas).

Gal Costa

GRAVANDO: Philips, 1969
Gal Costa

Caetano Veloso

GRAVANDO: Philips, 1969
Caetano Veloso

Gilberto Gil

GRAVANDO:
Gilberto Gil

Philips, 1969

Esses três discos, lançados no mesmo ano, flagram os baianos Caetano Veloso, Gilberto Gil e Gal Costa em fase experimental de suas carreiras – o que inclui os guinchos e ruídos de "Pulsars e quasars" (gravada por Gal), os efeitos sonoros de "Futurível" e "Cérebro eletrônico" (de Gil) e o formato quase antirrádio de "Irene" (de Caetano). Testemunham também algumas das melhores criações de Lanny Gordin para o grupo de artistas tropicalistas.
"Entre os timbres que usei e tornaram-se referência, destacaria o de 'Atrás do trio elétrico', de Caetano Veloso", ressalta Lanny, à Guitar Player brasileira em 2007.
Ele acrescenta que, nesse álbum, grava a maioria das guitarras deitado no chão.
"O Caetano adorava!", garante.
Lanny continua com os artistas: participa como guitarrista e arranjador do show Gal a todo vapor, entre 1970 e 1971 (fontes indicam sua saída antes da gravação do álbum Fa-Tal, souvenir ao vivo da excursão, sendo substituído por Pepeu Gomes – que teria gravado as guitarras do disco – e depois por Gabriel O'Meara) e toca na banda de Gil em Expresso 2222 (1972).

Lucinha Turnbull
Lugar de mulher é na guitarra

Lúcia Maria Turnbull
São Paulo, SP, 1953

INFLUÊNCIAS:
Django Reinhardt, John Lennon, George Harrison, Steve Cropper, Eric Clapton, Bonnie Raitt

GUITARRAS:
Shaftesbury, Giannini Supersonic, Washburn HB 35

"Machismo? Sim, havia muito. Agora é mais leve, mas ainda existe, só é mais velado. Mas eu nunca me importei, só queria tocar!"

Lucinha Turnbull sabe do que está falando: em um universo repleto de rapazes, ela desbrava e faz história como o grande nome feminino da guitarra brasileira.

"Se eu fui a primeira guitarrista brasileira? Dizem que sim. Mas isso nunca foi uma preocupação minha. Eu estava muito ocupada tocando e nunca parei para pensar sobre isso", desconversa, modesta.

O primeiro instrumento, uma Giannini Diamond emprestada de Ruffino Lomba Neto, figura ímpar do rock da Pompeia, meca do rock em São Paulo. Devota de Eric Clapton ("A influência dele se dá na postura profissional, no respeito ao silêncio na música e na paixão pelo que faz", define ela), se aproxima da galera dos Mutantes na virada dos anos 1960-70.

"Aprendi algumas coisas com o Sérgio Dias, que gostava de me desafiar, trocando os tempos das músicas para ver se eu saía do andamento. E eu não saía!", garante aos risos.

Inicia sua trajetória tocando no Teatro Oficina, na montagem da peça *O casamento do pequeno burguês*, do dramaturgo alemão Bertolt Brecht, dirigida por Luis Antonio Martinez Corrêa em 1972. No mesmo ano, grava com Rita Lee no disco *Hoje é o primeiro dia do resto da sua vida*, mas só fazendo vocais. Nos álbuns *Tutti-frutti* (gravado em 1973, mas lançado em 2008 de forma não oficial, como *Cilibrinas do Éden*) e *Atrás do porto tem uma cidade* (1974), ela já aparece tocando guitarra. Aí, o grupo é o Tutti Frutti, que acompanha Rita logo após sua saída dos Mutantes, e lá Lucinha divide muito bem as funções nas seis cordas com o virtuoso Luiz Carlini.

"O guitarrista André Christovam disse, certa vez, para a revista *Guitar Player* que o solo de 'Mamãe natureza' é do Carlini, mas, na verdade, é meu! Tudo bem, ele já se desculpou", diverte-se ela, que é amiga e fã de Christovam. "E sou fã também do Carlini: ele tem uma marca registrada, você sabe que é ele quando ouve. E ele sempre foi melódico."

Para as mulheres que estão se iniciando na guitarra, Lucinha Turnbull dá suas dicas:

"Ame seu instrumento, procure sua própria linguagem e aceite todas as influências. Não se deixe enganar pelo ego, compartilhe o que sabe. O aprendizado nunca acaba, há sempre surpresas pelo caminho e isso é muito bom", considera.

Luiz Carlini
Guitarrista: destino e profissão

Luiz Sergio Martins Carlini
São Paulo, SP, 1952

INFLUÊNCIAS:
Joe Walsh, Leslie West, Santana,
Johnny Winter, Keith Richards, Tom Johnston

GUITARRA:
Gibson Les Paul

Luiz Carlini é fruto da movimentação roqueira da Pompeia, bairro de São Paulo.

"Os Mutantes eram meus vizinhos. Quando comecei a tocar, ainda não tinha nada de rock no Brasil e eles foram uma puta escola. Lembro-me deles construindo os próprios instrumentos", rememora Carlini. Logo, monta com amigos o grupo Lisergia, cujo nome esconde uma brincadeira psicodélica.

"Eu tomava LSD diariamente. Meu nome é Luiz Sergio, né? Daí para Luisérgico, Lisérgico, Lisergia... foram dois comprimidos", graceja ele, que logo leva seu conjunto para acompanhar Rita Lee. "A gente já se conhecia há tempos. Quando ela precisou de uma banda, já tínhamos uma mais ou menos entrosada."

Batizado pelo dramaturgo Antonio Bivar (diretor do novo show de Rita) como Tutti Frutti, o grupo estreia com a cantora um espetáculo no Teatro Ruth Escobar (São Paulo) em 1973. *Atrás do porto tem uma cidade*, primeiro disco de Rita com a banda, sai em 1974, mas o grande sucesso vem mesmo com *Fruto proibido* (1975). O álbum decola e a trupe passa a tocar para grandes plateias. A parceria com Rita termina em 1978.

"Ela começou a caminhar para outro lado e resolvi fazer a banda com outras pessoas. Os riffs de guitarra eram a marca registrada. Toquei ainda com Erasmo Carlos, Camisa de Vênus, Titãs, Barão Vermelho e Guilherme Arantes", lista Carlini. "O cara, quando faz uma música e deixa você participar... É como se você fosse almoçar na casa dele, é algo de extrema responsabilidade. Dar uma canja não é brincadeira, é uma coisa de muito respeito."

Rita Lee & Tutti Frutti

GRAVANDO: Som Livre, 1975
Fruto proibido

O *segundo disco de Rita Lee com o Tutti Frutti não tem só "Ovelha negra", mas a música é a responsável por puxar o álbum e, lembra Luiz Carlini, causou-lhe uma surpresa no pós-show de uma das apresentações do disco.*

"A gente estava em Belém do Pará, em um hotel. De repente chega uma funcionária para arrumar o quarto assoviando o solo de "Ovelha negra". Como atingi aquela pessoa? E ela nem sabia que eu havia feito o solo. Isso me despertou para o poder da música", emociona-se o guitarrista.

O tal solo, que encerra a canção, veja só, quase não vai parar no álbum.

"O disco já estava sendo mixado e vi que a música se despedia sem nada especial, o som ia abaixando. Então, sonhei com o solo da música e acordei assoviando! Falei para o Andy Mills [produtor]: 'Que tal pôr um solo?' E ele: 'Na balada do disco? Tá ficando louco?'", relata. Carlini tanto insiste que consegue. A Gibson Les Paul tocada por ele em "Ovelha negra" está na ativa até hoje. Recentemente, ela aparece na versão de Lobão gravada no CD/DVD Lino, sexy e brutal, *no qual Carlini participa.*

"Esse solo tem poucas notas, ele foi muito feliz e me ensinou muitas coisas como músico. Eu era muito jovem e ele ficou muito famoso, foi muito elogiado, já ganhou prêmio de solo mais famoso da música brasileira. Eu sou um abençoado por ter conseguido fazer isso. Depois dele, eu já fiz um milhão de solos, mas nunca nenhum tão famoso quanto esse", orgulha-se.

Lulu Santos
Rei do pop e guitarrista virtuoso

Luiz Maurício Pragana dos Santos
Rio de Janeiro, RJ, 1953

INFLUÊNCIAS:
Sérgio Dias, George Harrison, Jimi Hendrix

GUITARRAS:
Fender Stratocaster, Gibson Les Paul, Gibson SG, Gretsch Chet Atkins Tennessee

Apesar de, na adolescência, ficar sonhando em casa com a Fender Stratocaster branca que Jimi Hendrix usou no festival de Woodstock, Lulu Santos se inicia nas seis cordas com um obscuro modelo japonês: a guitarra Ghi.

"Foi a primeira de todas, em 1966. Era uma guitarra meio de brinquedo que meus pais me trouxeram de uma viagem pela América, de farra, um pouco para ver se eu me saciava daquilo e deixava cair", recorda Lulu, em 2002, ao site *Vintage Guitar*.

Começa ali um caso de amor que dura até hoje – e passa por taras confessadas, como a Gretsch Chet Atkins Tennessee.

"No início da carreira, usava direto a Fender Stratocaster. De uns tempos para cá, passei para a Gibson e estou até com alergia ao som do captador da Strato. Mais recentemente, descobri as guitarras Gretsch, especialmente o modelo Chet Atkins Tennessee, e acho que a guitarra da minha vida é essa. Se eu tivesse uma guitarra dessa quando gravei meus discos nos anos 1980-90, teria me poupado muito tempo, porque não precisaria ficar dobrando aquelas Fenders em estúdio para tentar achar o som encorpado que queria", lamenta.

As primeiras paixões passam por Beatles e Jovem Guarda. Na sua série de shows dedicados à obra de Roberto e Erasmo Carlos, que estreia em 2012, ele confirma que este último é o seu padrinho artístico.

"Erasmo é o cara que mais representa a possibilidade de se fazer rock no Brasil", define.

Outras influências chegam pelo caminho, à medida que Lulu se transmuta de músico progressivo (na banda Vímana, que funda com Lobão e Ritchie) à guitarrista e baixista acompanhante (em discos de Rita Lee,

Elba Ramalho, Luisa Maria), cantor e compositor de soul (ao lançar seu primeiro compacto, com o nome Luiz Maurício, em 1980) e rei do pop nacional (pós-1981). Mais conhecido por suas canções, os solos de Lulu são tão cantaroláveis quanto seus refrões-chiclete. E, muitas vezes, podem ser considerados um tema à parte, independentemente da música a que estão servindo.

Vímana

GRAVANDO: Inédito, 1976
Complete recordings

"Todos os ex-integrantes rezam para que o LP único do Vímana permaneça para sempre inédito", afirma o jornalista Arthur Dapieve em seu livro BRock, o rock brasileiro dos anos 80.
Entre nerds de progressivo, nerds de rock nacional, colecionistas de MP3 e gente que viu a banda ao vivo, o grupo de Lulu Santos, Lobão, Ritchie, Luis Paulo Simas e Fernando Gama (e do ex-batera Candinho, que dá lugar a Lobão) tem fãs. Se não dá para ouvir o único LP – transformado em compacto – que sairia pela Som Livre em 1976, há lançamentos piratas e cópias compartilhadas por fãs com arquivos mal-acabados do álbum. Na época, o rock brasileiro parecia coisa de iniciados.

"A sensação que eu tinha era a de que, no Rio, havia quinhentas pessoas que gostavam de som. Tinha sessão à meia-noite do [filme do Led Zeppelin] The Song Remains the Same? Apareciam as 500 pessoas. Tinha show do Terço no [Teatro] Tereza Rachel? Tava lá aquele povo", lembra Lulu, no livro Dias de luta: o rock e o Brasil dos anos 80, do jornalista Ricardo Alexandre.

Nesse meio, a banda Vímana se sobressai pela versatilidade que permite a seus integrantes pagar as contas como músicos de estúdio (em álbuns de Marília Pera e Fagner) e os afina com propostas mais pop – no funk-prog "Zebra" e na alegre "Marimba", ou em baladas como "Cada vez", comunicativas como o som progressivo brasileiro poucas vezes foi.

Olmir Stocker
No caderninho, lições de jazz, MPB e suingue

Olmir Stocker
Taquari, RS, 1936

INFLUÊNCIAS:
Barney Kessel, Jim Hall

GUITARRAS:
"A minha preferida é a Gibson 75"

O começo é no violão e no cavaquinho, ainda criança. Ganha a primeira guitarra quando está servindo o exército – muito tempo antes de integrar o supergrupo Brazilian Octopus (com Hermeto Pascoal e Lanny Gordin, entre outras lendas), de compor o sucesso "O caderninho" (gravado por Erasmo Carlos) e de acompanhar vários artistas.

"Aos 18 anos, dei baixa do exército e fui viver a música. Comecei a trabalhar com conjuntos na Rádio Gaúcha, no Rio Grande do Sul, mas aí era até mais violão", conta Olmir Stocker, o Alemão, como se torna mais conhecido.

Logo, participa de uma banda "que era o sucesso do momento", o Breno Sauer Quinteto. Com ele, passa dois anos em Curitiba, até chegar a São Paulo. Entre idas e vindas, fixa-se por lá, dividindo a cena com amigos-guitarristas como Poly e vivendo de trabalhos eventuais. O flerte de Stocker com a Jovem Guarda é real.

"Cheguei a ter uma oferta para montar a banda do Roberto Carlos, que estava começando", diz o músico, que ingressa no conjunto de Wanderléa.

No início de 1968, integra o Brazilian Octopus, conjunto montado por Livio Rangan, diretor de eventos da Rhodia, empresa da área têxtil que faz shows-desfiles para promover seus produtos. O grupo registra apenas um LP.

"Trabalhei com Angela Maria e Simone. Fiz uma excursão com a Elis Regina e, depois, era para eu ficar três meses ensaiando o show do disco *Falso brilhante*. Mas não poderia parar tudo para fazer só isso", pondera.

Olmir Stocker grava álbuns solo, como *Longe dos olhos, perto do coração* (1981) e *Alemão bem brasileiro* (1987). E forma um quarteto, que toca em 1988 e 1989 no Festival de Montreux. Hoje, continua seguindo a vida de *freelancer* e dá aulas de guitarra.

Erasmo Carlos

GRAVANDO: RGE, 1967
Erasmo Carlos

O quarto disco de Erasmo Carlos é um de seus álbuns menos autorais. Tem poucas músicas feitas pelo Tremendão e traz no repertório até mesmo uma versão de "Mellow Yellow" (Donovan) vertida por seu amigo Roberto Carlos para "Caramelo". A época é complexa para o cantor-compositor, que briga com Roberto e tem dificuldades para emplacar novos sucessos. Quem está a postos é ninguém menos que Olmir Stocker, que compõe, sozinho ou acompanhado, quatro das doze faixas do álbum. Entre elas, a conhecida "O caderninho" ("Eu queria ser / o seu caderninho").
O que se torna uma pérola do rock suingado, herdado do cantor Chris Montez (e que no Brasil desemboca no subgênero musical "pilantragem"), é feito originalmente como um sambão para Wilson Simonal gravar. E faria mesmo sentido na voz do intérprete de "Sá Marina".
"Eu estava mostrando a música para o Simonal na coxia. A Wanderléa, com quem eu tocava, passou por lá e falou: 'Cara, dá isso para o Erasmo gravar, ele vai adorar, dá para ele fazer uma onda'. Eu tinha boa amizade com o Erasmo e foi ele quem acabou gravando a canção", relata.

Paulinho Guitarra
Chefe do conjunto de Tim Maia, ele carrega seu instrumento até no nome artístico

Paulo Ricardo Rodrigues Alves
Niterói, RJ, 1955

INFLUÊNCIAS:
Jimi Hendrix,
George Harrison

GUITARRAS:
Fender Telecaster,
Fender Stratocaster,
Gibson Les Paul

Imagina a cena: Tim Maia deitado, deitadão, avaliando Paulinho Guitarra e o baterista Ivo Caldas executando as suas músicas.

"Fomos aprovados!", recorda Paulinho, na época ainda um gurizinho de 16 anos, sobre quando entrou para a banda do "Síndico". "Antes, eu já vinha tocando com o Gerson King Combo e estava superestudado no funk e no soul. Conhecia Wilson Pickett, Otis Redding, James Brown, gostava daquelas levadinhas das guitarras e me liguei nisso."

Sua escola inicial, no entanto, é o rock dos lendários The Ventures, The Beatles, Jimi Hendrix e Cream. Esta última banda pertencente ao guitarrista inglês Eric Clapton, com quem já foi comparado: "(...) Paulinho (guitarra solo), que tem um fraseado bonito e imaginativo, meio Clapton, meio country", escreve o cantor e compositor Luis Carlos Sá (o Sá, da dupla Sá & Guarabyra), na *Rolling Stone* brasileira em 1972.

"Foi uma época muito legal para mim. Eu aprendi muito. Tim Maia, assim como Ed Motta [sobrinho de Tim], com quem toco atualmente, eu falo que são meus professores", elege Paulinho, no documentário *Paulinho Guitarra em solos e aventuras*, do jornalista Claudio Salles.

Em agosto de 1999, ganha da revista *Guitar Player* o título de Criador da Guitarra Funk Brasileira e é nesse gênero que finca seu nome na história do instrumento no Brasil. Durante sua carreira, integra ainda os grupos de Cassiano, Claudio Zoli, Marina Lima, Cazuza e Ed Motta. Sua discografia solo inclui *Paulinho Guitarra* (1991), *The Very Very Cool Cool Band* (2005), *Trans Space* (2008) e *Romantic Lovers* (2011).

Tim Maia

GRAVANDO: Polydor, 1971
Tim Maia 1971

Em 1971, Paulinho Guitarra (ou Paulo Ricardo, ou apenas Paulo, como é creditado nos discos da época) forma com Hyldon a dupla de guitarristas na banda do compositor e multi-instrumentista Tim Maia, figura chave no desenvolvimento da música negra no Brasil. Paulinho Guitarra entra no grupo (que alguns anos depois ele mesmo batiza de Vitória Régia), grava clássicos como "A festa de Santo Reis", "Não quero dinheiro (só quero amar)", "Não vou ficar" e "Você", e absorve novas ideias. Logo, mostra ao "Síndico" confiança, maturidade e intimidade com o idioma da música soul, incorporando suas influências do blues e do rock, além de samba e baião. Tim passa a destacá-lo na apresentação dos instrumentistas em seus shows como o "chefe do conjunto".

Pepeu Gomes
Assis Valente encontra Jimi Hendrix

Pedro Aníbal de Oliveira Gomes
Salvador, BA, 1952

INFLUÊNCIAS:
Armandinho, Bola Sete, Lanny Gordin, Jimi Hendrix, Eric Clapton, Jimmy Page

GUITARRAS:
PG, Zaganin, Paul Reed Smith, Peavey, Josino, Godin, Music Maker

"Jimi Hendrix foi a minha Berklee", define Pepeu Gomes no filme *E aí, Hendrix?*, de Pedro Paulo Carneiro, citando a célebre faculdade norte-americana de música.

Muita gente só conhece o Pepeu de "Eu também quero beijar" e outros sucessos de rádio emplacados a partir dos anos 80. Muito antes, ainda moleque, ele pega uns pedaços de pau, uns fios de aço e assim cria sua própria guitarra. Autodidata, desanda a tirar coisas que escuta no rádio. E não para mais, inicialmente no baixo e depois na guitarra, em bandas como Os Minos e Os Leif's. Aos 17 anos de idade, já está no palco ao lado de Gilberto Gil e Caetano Veloso. A bordo do grupo Novos Baianos, chama para si a responsabilidade de colocar a guitarra distorcida no samba. Faz história e vira referência da guitarra brasileira.

"Chico Science me falou uma vez que o sonho dele era ser como nós do Novos Baianos", revela Pepeu. "Me diga, sinceramente: dá para imaginar Raimundos e Los Hermanos sem Novos Baianos?", questiona.

O talento e a curiosidade levam Pepeu para além da guitarra, e ele descobre e domina ainda o violão, o cavaquinho e o bandolim, entre outros instrumentos de cordas. Dedica-se, inclusive, à construção de peças como o guibando, mistura de guitarra com bandolim.

"Levei quatro anos para conseguir fazer este instrumento. É meu maior orgulho. O [guitarrista inglês] John McLaughlin ficou louco com o guibando", comemora.

Pepeu Gomes não se prende ao rock, e viaja a mais de mil pelo samba, choro, maxixe e bossa nova. Vira um sucesso pop a partir dos anos 80, com álbuns como *Um raio laser* (1982) e *Masculino e feminino* (1983), em que, além de desfilar o talento na guitarra, se lança também como cantor.

"Pepeu é o mestre de todos nós. Ele e o Armandinho representam a guitarra brasileira. É um som que você não encontra igual em nenhum outro lugar do mundo", reconhece o metaleiro Andreas Kisser, guitarrista do Sepultura.

Novos Baianos

GRAVANDO: Som Livre, 1972
Acabou chorare

Ao lado de Moraes Moreira, Baby Consuelo e Paulinho Boca de Cantor no Novos Baianos, Pepeu Gomes faz a fusão do rock com a música brasileira. O primeiro LP do grupo sai em 1970, É ferro na boneca!. Mas é em Acabou chorare, que traz clássicos como "Preta pretinha", "Mistério do planeta", "A menina dança" e "Besta é tu" (esta última em coautoria de Pepeu com Moraes e letra de Galvão), que eles encontram a direção. Esse resultado é consequência de uns tempos que João Gilberto passou com o grupo e sugeriu a mistura, notadamente percebida na releitura de Brasil pandeiro, do sambista Assis Valente.

"Esse é, sem dúvida, nosso disco mais importante, se tornou uma referência para muita gente e continua assim, com as novas gerações", elege o guitarrista.

Com o passar do tempo, cada um segue sua carreira individual. Após a saída de Moraes Moreira, a partir do disco Vamos pro mundo, de 1974, Pepeu torna-se o principal compositor da banda. O último álbum de estúdio do Novos Baianos é Farol da Barra, de 1978, mesmo ano em que Pepeu Gomes estreia solo, com o disco Geração de som.

Renato Barros
Veterano roqueiro fã de jazz e blues

Renato Cosme Vieira de Barros
Rio de Janeiro, RJ, 1943

INFLUÊNCIAS:
Gene Vincent, George Harrison, Eric Clapton, Steve Ray Vaughan, John Lee Hooker, Gary Moore

GUITARRAS:
Fender Stratocaster, Ibanez

Chamar de "veterano", para alguns, pode soar como "ultrapassado". No caso de Renato Barros, líder do grupo Renato & Seus Blue Caps, trata-se de uma homenagem que vem com respeito e admiração pela carreira desse compositor e guitarrista que mantém sua banda há 50 anos.

"Nós somos a banda de rock and roll mais antiga do planeta!", decreta ele, em papo com o e-zine *Freakium*. "A gente não força a barra para agradar o público jovem. Mas de uns 15 anos para cá, ele tem aumentado muito", garante.

Barros começa a curtir jazz desde cedo. Influência da mãe, cantora da Rádio Nacional. Não fica imune ao rock e logo se liga nos primeiros heróis do gênero. Sua carreira artística começa quando, ao lado do irmão Paulo Cesar e de outros amigos, monta um grupo de mímica, o Bacaninhas do Rock da Piedade. Eles se apresentam em um concurso de mímica na rádio Mayrink Veiga. Sim, isso mesmo: na época, as rádios transmitiam concursos de mímica ao vivo, assistidos só pela plateia, mas escutado pelos ouvintes.

"Levamos uma vaia enorme, mas quis tentar de novo. O apresentador me admirava porque eu era persistente e sugeriu Renato & Seus Cometas. Não achei bom, mas depois de uns três nomes, ele falou Renato & Seus Blue Caps. Eu era fã do Gene Vincent [1935-1971, cantor e guitarrista norte-americano que tem também um grupo chamado Blue Caps] e achei legal", detalha.

O grupo começa e Renato Barros leva sua guitarra com o efeito *fuzz* para as rádios, em canções autorais e animadas versões dos Beatles. Também compõe sucessos para outros artistas. Leno & Lilian gravam a sua "Devolva-me" e Roberto Carlos estoura com "Você não serve pra mim". Parte também para a produção na gravadora CBS dos anos 1970, trabalhando com artistas populares ao lado de um querido amigo, Raul Seixas. E mantém a agenda da banda sempre cheia.

"Sou blueseiro, adoro tocar blues!", resume.

Robertinho de Recife
Sua rapsódia vai do metal à música infantil

Roberto Cavalcanti Albuquerque
Pernambuco, PE, 1965

INFLUÊNCIAS:
Jimi Hendrix, Eddie Van Halen, Ritchie Blackmore

GUITARRAS:
Giannini, Snake, Fender Stratocaster, Strinberg

O pequeno Roberto não está nada satisfeito: atropelado por um carro, o garoto de 10 anos tem que passar nove meses de cama. Mas é durante o repouso forçado que vê os Beatles na televisão e se apaixona pela guitarra.

"Venho de família de músicos, minha mãe era cantora e meu tio, sanfoneiro. Ele era amigo do Sivuca, do Hermeto Pascoal, e vivia cheio de sanfoneiro lá em casa, mas eu não tinha nada a ver com aquele instrumento. Tinha piano lá também, mas eu nunca consegui tocar aquele troço", descarta o guitarrista.

E assim, acidentado em uma cama, ele desenvolve sua própria técnica e já toca aos 12 anos.

"Eu tinha os dedos muito pequenos, não chegavam nem na sexta corda. Diziam que eu não conseguiria tocar, mas provei o contrário", orgulha-se.

Robertinho supera a desvantagem e transita bem pela música infantil (seu grande sucesso "O elefante", gravado em 1981), clássica (grava o disco solo *Rapsódia rock,* em 1990) ou heavy metal (*Metalmania*, disco de 1985). Inclua ainda o blues, o jazz, o country e o que mais solicitarem artistas tão diversos quanto Jerry Adriani, Cauby Peixoto, Hermeto Pascoal, Fagner, Gal Costa, Trem da Alegria ou Xuxa, com quem trabalha durante a carreira.

"Meu primeiro grande mestre foi o Hendrix, mas não de copiar. Nem sei tocar quase nenhuma música dele, só absorvo suas técnicas e faço com o meu tempero. O que acho absurdo é quando dizem que me inspirei no Yngwie Malmsteen, que considero um grande guitarrista, mas eu já tocava aquilo, já usava as técnicas de *tapping*, desde o *Jardim da infância* [seu primeiro disco solo, de 1977], bem antes desse rapaz", decreta.

Robertinho de Recife também cria seus próprios grupos, do pop Yahoo ao pesado MetalMania.

"Mas a escola maior da minha vida foram os bailes. Tocava das 10 da noite às 4 da manhã, solando todo esse tempo, porque na banda não tinha cantor", enfatiza.

A experiência tocando na noite lhe rende princípios que não abandona até hoje, um pouco longe dos palcos, trabalhando como produtor musical em seu próprio estúdio:

"Quando eu vejo alguém tocando, não estou preocupado se ele faz muitas notas por segundo, mas sim em como ele interpreta a canção".

Fagner

GRAVANDO:
Eu canto – Quem viver, chorará

CBS, 1978

Alçado à condição de *Jimi Hendrix brasileiro (a partir das colunas do jornalista Nelson Motta em* O Globo*)*, Robertinho de Recife começa a tocar com o cantor e compositor cearense Fagner, em 1976, e acumula a partir daí trabalhos com outros artistas nordestinos, entre eles Geraldo Azevedo (em sua estreia solo, de 1977). Grava também seus próprios discos, mas a vida particular anda mal: pouco dinheiro, situações trágicas (seu filho Abel morre pouco após o nascimento), caos total. O guitarrista chega a dispensar um convite para juntar-se à banda norte-americana Chicago. Aí, Fagner reaparece gravando seu quinto álbum solo.

"A música falou mais forte e ele me chamou para gravar uma guitarra", conta Robertinho, em 1995, ao jornal International Magazine. Ele encara seu antológico solo no sucesso "Revelação" como "uma carta para o que eu estava sofrendo. Cheguei com o coração despedaçado e pus tudo aquilo no solo", descreve.

Robson Jorge
Tom black na guitarra verde
e amarela

Robson Jorge da Costa Britto
Rio de Janeiro, RJ, 1954 / Rio de Janeiro, RJ, 1992

INFLUÊNCIAS:
"A principal influência dele foi o George Benson", afirma seu filho Robson Jorge Jr.

GUITARRAS:
Fender Stratocaster, Gibson, Rickenbacker

A família de Robson Jorge bem que tenta dar a ele uma educação musical formal. Mas não rola. A mãe do futuro herói do soul nacional (celebrizado por seus trabalhos ao lado do mago dos teclados Lincoln Olivetti) matricula o pequeno garoto em aulas de piano.

"Depois de duas, três aulas, a professora, uma senhora, disse que não precisava mais ensinar nada. 'Seu filho toca absurdamente bem!', declarou ela", conta o baixista Robson Jorge Jr., filho do multimúsico.

Ele, então, ganha um violão feito pelo tio, que chega a ficar com marcas dos acordes pelo braço, de tanto que pratica. Como compositor e virtuoso em vários instrumentos, Robson Jorge desponta no comecinho dos anos 1970. Assina músicas em discos da dupla Tony & Frankie ("Canção de esperar você", em parceria com Renato Britto e Carlos Lemos, em 1971), Evinha ("Tiro de cores", feita com o *soulman* Cassiano, em 1973) e até em um raro compacto da banda de Roberto Carlos, RC-7, "Venha ver o que a Luzia ganhou" (também com Renato Britto e Carlos Lemos, em 1971). Em 1973, toca contrabaixo em *Apresentamos nosso Cassiano*, segundo álbum do cantor, e por essa época conhece Lincoln Olivetti nos estúdios da gravadora CBS (hoje Sony). É aí que a lenda começa.

Os dois fazem uma "dupla pau pra toda obra", que trabalha incessantemente na composição de músicas e no lançamento de talentos, incluindo nomes como Almir Ricardi (dos sucessos "Festa funk" e "Pura") e o rei da música *disco* Ronaldo Resedá (com "Kitsch zona sul"). Grava solo também: um disco homônimo, em 1977, em cuja capa empunha uma bela guitarra Rickenbaker. Sem falar no fundamental *Robson Jorge & Lincoln Ollivetti*, de 1982.

"O grande mestre da guitarra funk no Brasil é o Robson Jorge!", crava o também herói do instrumento Paulinho Guitarra. Os dois, inclusive, em diferentes épocas, servem a superbanda de Tim Maia com suas bases e solos.

A expressão "guitarra: Robson Jorge" vira grife. Toca com Frenéticas ("Caia na gandaia", de 1978), Rita Lee (em seu sucesso homônimo de 1979, nos sucessos "Chega mais" e "Corre corre"), Jorge Ben Jor, Roberto Carlos, Gal Costa... Passa a ser conhecido pelos solos acompanhados de vocalises, no estilo de seu ídolo declarado George Benson.

Além do laço com Lincoln, estabelece também duradoura parceria, até o fim da vida, com Mauro Motta (um fera, produtor de Roberto Carlos, entre outros feitos), com quem faz músicas para artistas como Claudia Telles ("Eu preciso te esquecer", "Fim de tarde"), Patricia Marx ("Doçura") e muitas para o rei. Robson morre em plena atividade, em 1992, de complicações causadas por uma cirrose.

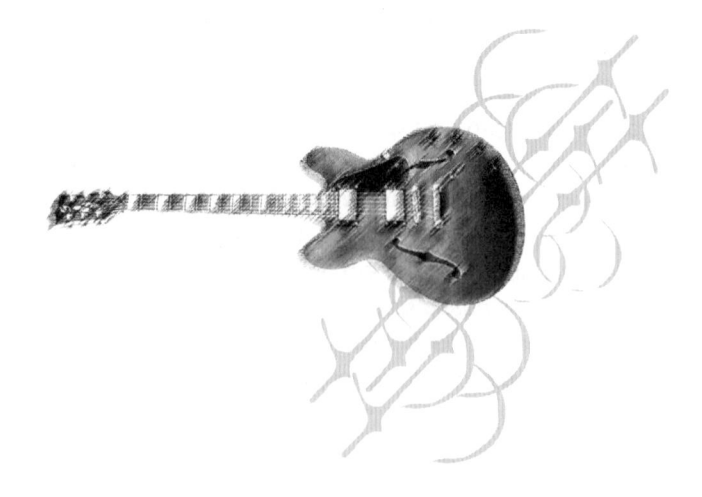

Robson Jorge & Lincoln Olivetti

GRAVANDO: Som Livre, 1982
Robson Jorge
& Lincoln Olivetti

"**O** *Ed Motta já disse que esse disco é a 'bíblia sagrada' dele"*, brinca Robson Jr.
Não só a dele. Dificilmente algum músico criado à base de soul e música pop nativa esquece um álbum arrasador e revolucionário como esse homônimo da dupla Jorge-Olivetti. Antes mesmo de o rock nacional se modernizar e ser vendido como a oitava maravilha (graças a nomes como Titãs e RPM, ultramodernos), dois supermúsicos, ratazanas de estúdio, já inovam com camas de sintetizadores, percussões e baterias programadas, emulators *(nome pelo qual o teclado sampler é conhecido no começo dos anos 80).* E músicas maravilhosas: "Aleluia", "Jorgeia Corisco", o medley "Baila comigo/Festa braba", "Pret-a-porter".
Entre temas de novela reciclados e canções exclusivas, o álbum cresce no ouvido a ponto de pouco fazer diferença se tratar de um disco instrumental − os vocalises de Robson Jorge, em perfeito casamento com sua guitarra, e os teclados de Olivetti preenchem toda a linha de frente. Talvez por brincadeira, as duas únicas com letras são vinhetinhas − a latinesca "Ratón" e o sambão de morro "Zé Crioulo".

Sérgio Dias
A guitarra de ouro do rock

Sérgio Dias Baptista
São Paulo, SP, 1951

INFLUÊNCIAS:
Lanny Gordin, B.B. King, Joe Pass, George Harrison, David Gilmour, Ritchie Blackmore, Albert King, John McLaughlin, Jeff Beck, Santana, Jimi Hendrix

GUITARRAS:
Regulus de Ouro, Fender Stratocaster

"A questão maior não é o quanto de malabarismo a pessoa consegue fazer, mas quais notas ela está dando e se as notas estão sendo as esperadas pela plateia. Essa é a verdadeira mágica da música", ensina o eterno mutante Sérgio Dias, único integrante presente em todas as formações do lendário grupo, que ajuda a fundar em 1966 e que mantém ativo ainda hoje. "Eu já sou mais do estilo do George Harrison, com solos que tenham começo, meio e fim. Assim, você leva o público aonde quiser."

É como o talento precoce (um garoto de 15 anos) das seis cordas nos Mutantes que Sérgio Dias desponta. E tal e qual seu ídolo Jimi Hendrix: trazendo uma abordagem completamente diferente dos outros músicos da época. Livre na colocação dos mais exóticos timbres e no uso de frases musicais surpreendentes, o guitarrista vai ao encontro da estética do movimento musical Tropicália, no qual os Mutantes acabam inseridos. Mistura o rock com o que pintar pela frente, seja forró, samba ou bolero. E inova também ao usar instrumentos revolucionários, como a guitarra de ouro fabricada por seu irmão Claudio Cesar (leia mais abaixo).

"A primeira vez que ouvi o som de uma guitarra foi aos cinco, seis anos de idade. Estava na casa da minha prima e ela pôs para tocar o compacto de 'Jailhouse Rock', com Elvis Presley. Fiquei pulando no sofá dela a tarde inteira, jogando a almofada para cima, para fingir que era uma guitarra. Enlouqueci ali", emociona-se.

Um líder nato, Sérgio Dias também se lança solo. A estreia, em 1980, no disco homônimo, traz um som diferente do que faz no grupo, fruto da troca de experiências com músicos internacionais, como o violinista indiano L. Shankar, que toca no álbum. Sua música cosmopolita, marca desde os Mutantes, está presente em *Song of the Leopard* (1996), gravado na África do Sul, repleto de artistas e ritmos locais. Lança ainda *Mato Grosso* (1990), em parceria com o lendário guitarrista e produtor inglês Phil Manzanera, do grupo Roxy Music, e *Estação da Luz* (2000).

"Eu nunca segui escalas na minha vida inteira e continuo sem seguir. Quem toca só seguindo escalas, não toca!", declara, em entrevista a Fabiana Caso, da revista *Cover Guitarra*, em 1997.

Mutantes

Som Livre, 1974

GRAVANDO:
Tudo foi feito pelo sol

O*s Mutantes, a partir do momento em que passam a ser liderados por Sérgio Dias, encontram caminhos bem diferentes que os da fase anterior do grupo. Não há mais tropicalismo, a formação já não conta com Rita Lee, nem Arnaldo Baptista, mas existem novos terrenos a desbravar. Ganham espaço as letras cabeçudas e messiânicas*

("Deixe entrar um pouco d'água no quintal", "Cidadão da Terra"), os temas instrumentais intrincados ("Pitágoras", do tecladista Túlio Mourão) e os tons apocalípticos ("Desanuviar"). O grande público corresponde: Tudo foi feito pelo sol torna-se o melhor desempenho da banda em vendas, com mais de 30 mil cópias comercializadas, propaganda na Rede Globo e uma vocação transnacional, já que logo, logo desponta em listas de colecionadores europeus.

"É curioso lembrar disso, que foi nosso disco que mais vendeu... Veja só como é engraçada essa relação entre a longevidade das músicas e o dito sucesso. A nossa música, com qualquer formação, sempre foi verdadeira e continua sendo assim", decreta.

A Guitarra de Ouro

A mítica Guitarra de Ouro, ou Regulus-Raphael, é feita em 1969 pelo irmão-*luthier* e gênio da eletrônica Cláudio César Dias Baptista originalmente para o amigo Raphael Vilardi. Sérgio, no entanto, se impressiona ao perceber a tal obra-prima. Pega para si e eterniza o instrumento, de sonoridade particular e um sem-número de efeitos embutidos. O próprio Sérgio conta a história do instrumento:

"Naquela época não existiam guitarras no Brasil. Existiam aquelas coisas das quais não saía som nenhum. Meu irmão Cláudio não suportava isso. E ele era um cara bom de fazer as coisas acontecerem.

Os Mutantes vieram de um sexteto chamado Six Sided Rockers. Saíram três pessoas e ficamos eu, que tocava guitarra, a Rita, que cantava e tocava flauta, e o Arnaldo, que só tocava baixo naquela época. Eu tinha que resolver toda a questão de texturas, solos e harmonias e ainda cantar. Cheguei pro Claudio e falei: 'Cara, não dá tempo de trocar da guitarra para o violão no show'. Ele pegou uma cápsula de agulha de vitrola e botou no cavalete, ali onde pega a corda. E saiu som de violão. Isso foi 30 anos antes do [violão elétrico] Ovation!

Depois, eu queria um distorcedor com o qual eu pudesse fazer acordes. Que não embaralhasse o som. O Cláudio: 'Só com seis captadores e seis distorcedores separados'. Eu falei: 'Vamos fazer'. Nasceu aí o captador hexafônico, 26 anos antes da Roland inventar o mesmo para a guitarra sintetizadora.

O ouro foi usado por uma questão de blindagem. Não havia bons componentes. Eram muito ruidosos. O ouro é o melhor condutor e não é caro folhear um instrumento. Folheamos por dentro e por fora e nasceu assim a Guitarra de Ouro.

Existia uma maldição ligada à guitarra. Atrás do instrumento foi fixada uma placa com um texto tirado da chamada 'Conjuração do Sábado' [na íntegra, o texto diz: 'Que todo aquele que desrespeitar a integridade deste instrumento, procurar ou conseguir possuí-lo ilicitamente, ou que dele fizer comentários difamatórios, construir ou tentar construir uma cópia sua, não sendo seu legítimo criador, enfim, que não se mantiver na condição de mero observador submisso em relação ao mesmo, seja perseguido pelas forças do Mal até que a elas pertença total e eternamente. E que o instrumento retorne intacto a seu legítimo possuidor, indicado por aquele que o construiu']. E aconteceu de verdade: a guitarra foi roubada e depois devolvida. Estou com ela até hoje".

Sérgio Hinds
Uma oração progressiva

Sérgio de Melo Hinds
Rio de Janeiro, RJ, 1948

INFLUÊNCIAS:
Toninho Horta, Santana, David Gilmour ("Mas os primeiros guitarristas que me chamaram a atenção foram George Harrison e Eric Clapton")

GUITARRAS:
Snake, Gibson, Tagima

Chapado com o coro popular acompanhando euforicamente os elaborados arranjos vocais de seu conjunto no Teatro Bandeirantes, em São Paulo, em 1975, Sérgio Hinds celebra junto de Flávio Venturini,

Sérgio Magrão (estes dois formariam, futuramente, o 14 Bis) e Luís Moreno a consagração definitiva de O Terço.

"Momento que nunca vou me esquecer", rememora o guitarrista.

A estreia em disco se dá um pouco antes, em 1969, com Hinds inicialmente como baixista, ao lado do guitarrista Jorge Amiden e do baterista Vinícius Cantuária (isso, aquele mesmo, do sucesso "Só você"). O som é um misto de rock rural e rock progressivo. Na transição para a guitarra, Hinds saca também um violoncelo elétrico, mais conhecido como baicello. O exótico instrumento, uma pirada criação sua, vira destaque na mídia e, junto da tritarra, a guitarra de três braços de Amiden, se tornam atrações à parte nos shows.

"Os sons que tiram de seus instrumentos bizarros são os de uma orquestra completa", define a jornalista Margarida Autran, no *Jornal do Brasil*, em 1971.

"Sempre fomos fãs da música erudita e, de alguma forma, queríamos introduzir a sonoridade orquestral em nossa banda. Construímos então a tritarra, cujo terceiro braço era tocado com arco, como um violino e com a mesma sonoridade. E o violoncelo elétrico, que era híbrido, ou seja, ora contrabaixo, ora violoncelo", explica Hinds.

Músico requisitado, ele passeia também por discos e shows de Ivan Lins, Marcos Valle, Jorge Ben Jor, Juca Chaves, Claudete Soares, Walter Franco e lança ainda alguns álbuns solo.

"Eu sou autodidata e isso me criou inúmeras dificuldades. Mas, ao mesmo tempo, me ajudou a ser diferente, a buscar frases diferenciadas e não utilizar as escalas ensinadas nas escolas de música. Sempre procurei usar mais o sentimento do que a técnica", define.

O guitarrista recria O Terço algumas vezes. Em 2005, retoma de vez o grupo com repertório e músicos da chamada formação clássica, dos anos 1970. Lançam então um DVD com o registro desse reencontro.

O Terço

GRAVANDO: Copacabana, 1975
Criaturas da noite

Criaturas da noite *entra para a história como uma das obras-primas do rock progressivo brasileiro. O álbum destaca um dos hinos de O Terço, "Hey amigo"; a faixa-título, que vira sucesso; e os mais de 12 minutos de "1974", na opinião de alguns "o" definitivo tema do progressivo nacional.*
"Foi a oportunidade que tive de criar minha marca, de mostrar meu estilo e poder ser reconhecido por isso", avalia Hinds. "Quando gravamos, é lógico que ainda não tínhamos a ideia do futuro desse disco. Mas as músicas e os arranjos já vinham sendo testados em nossos shows e sabíamos que eram muito bem recebidos pelo público."
Com canções ricamente arranjadas e melodias encantadoras, a banda consegue nesse trabalho soar como um conjunto de calibre internacional. A partir daí, O Terço se estabelece ao lado dos lendários Mutantes como os dois grandes nomes brasileiros do som progressivo.
"Foi a primeira gravação do novo estúdio Vice Versa, do Rogério Duprat. Tivemos algumas dificuldades, pois o equipamento recém-inaugurado ainda necessitava de alguns ajustes. Fomos as cobaias, no bom sentido. Juntos, com uma equipe superbacana, acabamos conseguindo realizar os sons pretendidos", celebra.

Toninho Horta
O guitarrista do Clube da Esquina
passeia entre as distorções e
as harmonias sofisticadas

Antônio Maurício Horta de Melo
Belo Horizonte, MG, 1948

INFLUÊNCIAS:
João Gilberto, Wes Montgomery

GUITARRAS:
Gibson Byrdland, Yamaha Pacifica

Irmãos, pais e avós músicos. Toninho Horta cresce nesse berço.

"A gente nasceu com toda aquela coisa de música, de ouvir minha mãe tocar bandolim. Dizem que ela tocava até nas costas. E o meu pai tocava violão, tocava tipo Dilermando Reis", recorda Toninho Horta, em depoimento ao portal *Museu Clube da Esquina*. "Meu pai é descendente de índio. Minha mãe tem história lá de Portugal, da Dinamarca... Então, eu tenho tanto o lado de sofisticação, do jazz, quanto do ritmo, do groove. Eu posso fazer tanto bossa nova quanto a coisa mais puxada para o pop rock ou hip-hop, ou jazz", lista.

Antes de integrar o movimento musical Clube da Esquina, nos anos 1970, junto de Milton Nascimento e Lô Borges, ele é o cara do jazz e da bossa nova em Belo Horizonte. Até que o percussionista Naná Vasconcelos lhe mostra Jimi Hendrix.

"Ouvia isso tudo e ficou na minha memória. Mas nunca tive aquele desejo de tirar as frases dos caras de que gosto. Faço uma coisa que parece com eles e assim criei meu próprio estilo", explica Toninho Horta.

Versátil, faz até disco de forró e toca com Elba Ramalho, Dominguinhos e Jackson do Pandeiro. Estreia solo com *Terra dos pássaros*, gravado entre 1976 e 1979, e lançado em 1980.

"O nome desse álbum surgiu da minha guitarra Gibson modelo Birdland ["terra dos pássaros", em inglês], que eu usei nas gravações do disco original e está comigo até hoje. O pessoal do jazz e do blues gosta muito desse instrumento. O Eric Clapton tem uma igualzinha", ressalta.

A partir do disco *Diamond Land*, de 1988, direciona a carreira mais para a música instrumental e o mercado internacional.

"Toninho Horta é um músico incrível, um raro guitarrista que entende harmonia em seus caminhos mais íntimos", derrete-se o guitarrista norte-americano Pat Metheny, no encarte do álbum.

Milton Nascimento e Lô Borges

GRAVANDO: Odeon, 1972
Clube da esquina

Toninho Horta conhece Milton Nascimento seis anos antes de nascer o disco duplo gravado em clima de fraternidade e que viria a se chamar naturalmente Clube da esquina. No álbum, contribui em várias faixas e tem seu ponto alto no solo de "O trem azul", de Lô Borges e Ronaldo Bastos.

"O Tom Jobim, aquele cara incrível, um dos maiores compositores do mundo, quando gravou 'O trem azul', considerou meu solo como parte da música, como se não pudesse dissociar um do outro, e passou para as cantoras dele [no disco Cais, songbook do letrista Ronaldo Bastos, lançado em 1989]. Achei uma maravilha, uma comprovação de respeito por mim. Certa vez, ele chegou a declarar que eu era o rei da harmonia", emociona-se Toninho Horta.

Wander Taffo
O herói-professor

Wanderley Taffo Júnior
São Paulo, SP, 1954 / São Paulo, SP, 2008

INFLUÊNCIAS:
  Al Di Meola, Steve Morse, Albert Lee, Eddie Van Halen

GUITARRAS:
  Giannini Power Wander Taffo Signature, Rand, Gibson Les Paul, Phil Pro Wander Taffo Signature

Em uma churrascaria de São Paulo, Lucas, filho de Wander Taffo, insiste em mostrar para o guitarrista norte-americano Steve Morse (Dixie Dregs, Deep Purple) a música "Código Morse", do pai, feita em homenagem ao ídolo do instrumento que ali está. A oportunidade é única.

"O Wander ficou até meio envergonhado. O Steve Morse escutou com fone de ouvido e sorriu várias vezes. Com certeza, foi muito especial para ele", recorda Monica Lima, esposa de Taffo, mãe do Lucas e diretora da Escola de Música & Tecnologia, em São Paulo.

A EM&T é a evolução da ideia de Taffo de trazer para o Brasil, em 1988, uma escola inspirada na internacional Guitar Institute of Technology (GIT). O Instituto de Guitarra & Tecnologia (IG&T), onde Taffo torna-se o respeitado coordenador das aulas, testemunha os ainda iniciantes Edu Ardanuy, Kiko Loureiro e Andreas Kisser, guitarristas hoje famosos, aprendendo na mesma sala.

"Ele era muito atencioso com os alunos que, por várias vezes, batiam na porta de sua sala com uma dúvida. Ele dava sua guitarra na mão do aluno e ensinava", detalha Monica. "Ouvi muitos artistas dizendo que são músicos ou guitarristas por causa dele, ou que ficavam babando quando ele tocava. Herbert Vianna, por exemplo. O Wander era um pouco mais velho do que essa geração dos anos 80 e Rádio Táxi foi a primeira banda dessa leva."

Rádio Táxi é pioneiro entre os artistas que escancaram as portas para o rock nacional na década de 1980. Durante a carreira, o guitarrista monta ainda a banda Taffo, lança discos solo e registra passagens por grupos lendários, como Made in Brazil, Gang 90, Secos & Molhados e Joelho de Porco. Morre em maio de 2008, vítima de enfarte.

Rádio Táxi

GRAVANDO:
Rádio Táxi

CBS, 1983

É do jornalista Nelson Motta o nome da banda e a letra do primeiro sucesso, "Garota dourada" (com Lee Marcucci e Wander Taffo), que vai parar na trilha do filme Menino do Rio, dirigido por Antônio Calmon e lançado em 1981. Mas é quando chega ao topo das paradas a música "Eva" (versão de uma canção homônima do italiano Umberto Tozzi), deste segundo álbum do Rádio Táxi, que o taxímetro começa a rodar de verdade.

"'Eva' foi uma música que a gente gravou meio forçado", dispara Wander Taffo à Guitar Player brasileira, em 2006. "A gravadora não tinha gostado do disco e o produtor sugeriu essa canção. A gente não gostou, mas, como ele era nosso amigo, nós topamos. Quando *vi que a música não tinha introdução, fiz uma na hora e ela se tornou uma das marcas da gravação."*

Apesar do acento pop, o virtuosismo da guitarra de Taffo acha seu espaço para se sobressair e mostrar seu domínio com as novas técnicas recentemente popularizadas pelo guitarrista Eddie Van Halen, por quem fica desbundado:

"Foi vendo Eddie tocar que comecei a entender como faz. Às vezes, quando eu ia fazer um show, havia bandas de baile que se apresentavam antes, e volta e meia alguém tocava Rádio Táxi. Mas tocavam errado, porque não conheciam a técnica de tapping, que era uma novidade".

É Proibido Proibir
A GUITARRA ELÉTRICA

Acredite: no Brasil já fizeram manifestação até contra o instrumento

Fato: é da natureza do brasileiro se manifestar, por diversos motivos. E, nessa, sobra até para a pobre da guitarra elétrica. Pois não é que, em 17 de julho de 1967, em São Paulo, diversos artistas saem às ruas para participar do que fica conhecido como "a passeata contra a guitarra elétrica"?

"Isso era uma coisa estranha e terrível, que não deveria estar acontecendo", reavalia Caetano Veloso, no documentário *Uma noite em 67*, dirigido por Renato Terra e Ricardo Calil em 2010, sobre a história do 3º Festival de Música Popular Brasileira, levado ao ar pela TV Record naquele ano.

O baiano não embarca. Mas Elis Regina, Jair Rodrigues, Edu Lobo, Geraldo Vandré e MPB-4, sim. Incrivelmente, o time é engrossado por Gilberto Gil que, pouco depois, com Caetano, coloca as distorções e microfonias a serviço de suas canções, embaladas cada vez mais pelo psicodelismo do rock. Anos mais tarde, Gil justifica sua presença na passeata como uma gentileza a um pedido de Elis Regina, que muito o ajuda no começo de sua carreira.

"Para mim e para Gil, era também uma atitude política colocar uma guitarra elétrica nas músicas", decreta Caetano, no mesmo longa.

Tudo começa quando a audiência do programa *O Fino da Bossa*, que Elis pilota na TV Record, passa a despencar. A ascensão da atração concorrente, *Jovem Guarda*, comandada por Roberto Carlos no mesmo canal, seria o motivo. Mas inclua aí no caldo da pendenga desde interesses comerciais a ciuminhos entre os artistas. Então, um grupo de notáveis – aquela turma, Elis, Jair, Edu... – do programa *Frente Única da Música Popular Brasileira*, que fora criado para substituir o deficitário *O Fino da Bossa*, sai em defesa da nossa música, com argumentos de que atrás do som da guitarra (tida como inimiga, em oposição ao violão "brasileiro") vem um monte de lixo norte-americano. A passeata, na verdade, não é exatamente contra o instrumento, coitado, mas contra uma invasão cultural dos Estados Unidos, personificada, no caso, pelo rock (ou sua vertente nacional, o iê-iê-iê) e, consequentemente, por associação, pela guitarra.

"Confesso que, na época, fiz parte da passeata. Hoje, vejo como uma coisa ridícula", reconhece o jornalista Sérgio Cabral.

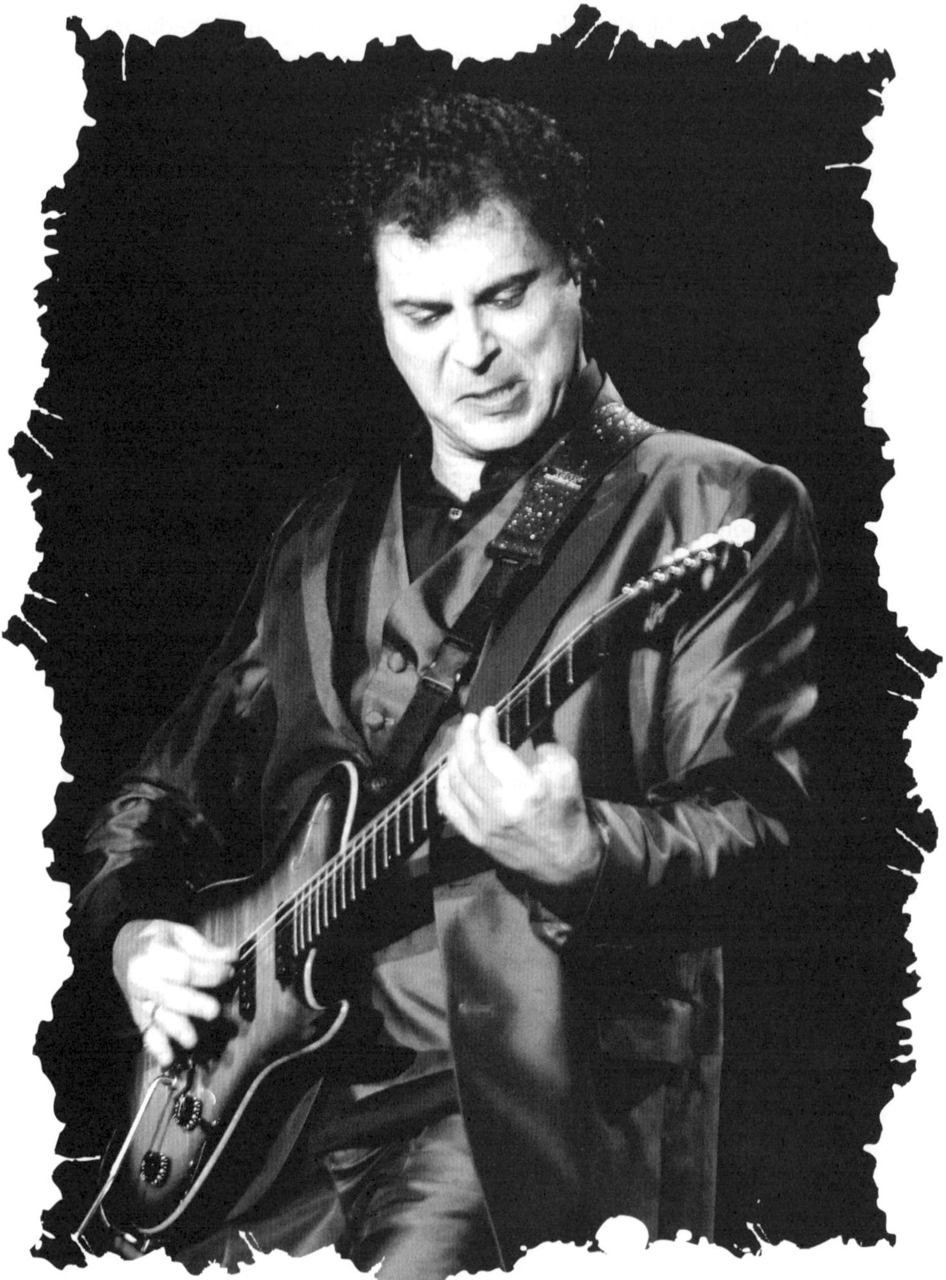

3

NÓS TAMBÉM SOMOS HERÓIS

O que seria da guitarra brasileira sem Edgard Scandurra? **E sem as melodias e fraseados de Frejat?** E do metal nacional sem Andreas Kisser e Edu Ardanuy?

Andreas Kisser
Guitarrista convida Villa-Lobos
e Baden Powell para
bater cabeça

Andreas Rudolf Kisser
São Bernardo do Campo, SP, 1968

INFLUÊNCIAS:
Randy Rhoads, Tony Iommi, James Hetfield,
Kirk Hammett, Kerry King, Jeff Hanneman,
Gary Holt, Rick Hunolt

GUITARRAS:
Giannini, Seizi, Fender Stratocaster, Charvel,
ESP, Jackson

O pequeno Andreas Kisser não desgruda da televisão. Vidrado, assiste a clipes de bandas internacionais de rock. E tome altas doses de AC/DC, Queen e Kiss. É o suficiente para o som e a energia das guitarras impactarem o garoto. Porém, quando finalmente ganha da mãe o primeiro instrumento, uma decepção:

"Pensei que ela já vinha com um puta som distorcido. Que era só pegar e tocar. Até eu descobrir o segredo da vida: o pedal de distorção! Foi um [da marca] Boss, o laranjinha. Foi uma revelação! Minha vida mudou. Com a distorção, me senti forte e invencível", exagera o guitarrista do Sepultura, às gargalhadas.

Ele entra na banda em 1987, no lugar de Jairo Guedz, quando se muda para Belo Horizonte, depois de tentar a sorte ainda em São Bernardo do Campo com a banda Esfinge. É com Kisser, Paulo Jr. (baixo), Igor Cavalera (bateria) e Max Cavalera (guitarra e voz) que o Sepultura estabelece sua chamada "formação clássica".

"Acho que minha entrada ao grupo trouxe a influência do heavy metal mais tradicional, mais técnico e virtuoso, com solos e passagens mais elaboradas", define.

A tal "formação clássica" dura dez anos. Nesse tempo, o Sepultura acumula fãs do som pesado mundo afora e se consagra como a banda brasileira com maior repercussão no exterior. Com o passar dos anos, músicos entram e saem, mas o grupo não para.

Paralelamente, Kisser investe em cinema e coloca sua assinatura nas trilhas sonoras de filmes como *No coração dos deuses* (1986) e *Bellini e a esfinge* (2002). Em 2009, lança um CD solo, o duplo *Hubris I & II*, dividido em um disco acústico, com músicas ao violão, e outro com guitarras.

"A guitarra extravasa emoções que nenhum outro instrumento consegue. Ela é o instrumento mais afrodisíaco que existe", brinca.

Sepultura

GRAVANDO: Roadrunner, 1996

Roots

O *Sepultura inova ao mesclar* death e thrash metal *com as músicas brasileira, africana e indígena, e imprime, assim, uma das marcas de seu som. A mistura de ritmos tem um pico na carreira do grupo em* Roots.

"Tenho uma forte influência do violão do Egberto Gismonti, do Villa-Lobos, de João Pernambuco e Baden Powell", enumera Kisser. "O estudo dos clássicos também está na nossa música em vários lugares. Na maneira como os compositores eruditos quebravam as regras e traziam sempre um jeito novo de fazer música. Stravinsky, Mozart, Villa-Lobos são alguns dos que criaram novas técnicas e melodias e, assim, mudaram o rumo da música."

Classificado como experimental, Roots *traz participação de índios xavantes em "Itsari" e do músico Carlinhos Brown, cantando em "Ratamahatta" e tocando percussão em mais outras faixas.*

André Christovam
Ponto fraco: as guitarras *vintage*

André Luiz Christovam
São Paulo, SP, 1958

INFLUÊNCIAS:
Heraldo do Monte, Eric Clapton

GUITARRAS:
Giannini Stratosonic, N.Zaganin,
Fender Stratocaster, Gibson Les Paul

Obsessão. É assim que André Christovam define sua relação com a guitarra elétrica.

"Quando era adolescente, eu recortava fotos da revista importada *Circus* e colocava na minha caderneta escolar. Tinha uma foto do Jimmy Page com uma Gibson Les Paul Sunburst e outra do Rick Derringer com uma Les Paul Custom", descreve.

Ele passa um bom tempo suando as costas de um violão Del Vecchio – que tem até hoje – antes de ganhar a primeira guitarra, uma Giannini Stratosonic.

"Meu pai fez um trato comigo: quando eu fosse capaz de tocar 'Abismo de rosas', do violonista Dilermando Reis, ele me daria uma guitarra elétrica", recorda.

Logo viriam uma Fender Stratocaster, uma Gibson Les Paul de Luxe e muitas outras. Com essa Les Paul nas costas, ele foi estudar em Los Angeles, no Guitar Institute of Technology (GIT). E volta de lá siderado pelos instrumentos *vintage* (aquelas relíquias "da antiga").

"Em Nova York, fiquei apaixonado por uma Fender Electric XII Sunburst, de 1966, que estava na vitrine da loja We Buy Guitars, um instrumento impecável", emociona-se.

Christovam leva o instrumento, que dura pouco em suas mãos: após um teste na banda de Lulu Santos, este o convence a vender a Fender para ele.

"E ela aparece na capa do LP *Tudo azul,* de 1984", ressalta.

Sua carreira solo, voltada ao blues, começa em 1989 com "Mandinga" – após passar pela banda de Rita Lee e pelo grupo Kid Vinil & Os Heróis do Brasil. Em *A Touch of Glass* (1991), segundo disco, experimenta com o *bottleneck* (cilindro de vidro ou metal que altera o tom da nota ao deslizar pelas cordas, daí o nome do disco, "um toque de vidro", em português) e faz, pela primeira vez, letras em inglês. Em 2000, passa a usar as guitarras da marca paulistana N.Zaganin, que projeta uma especial com seu nome.

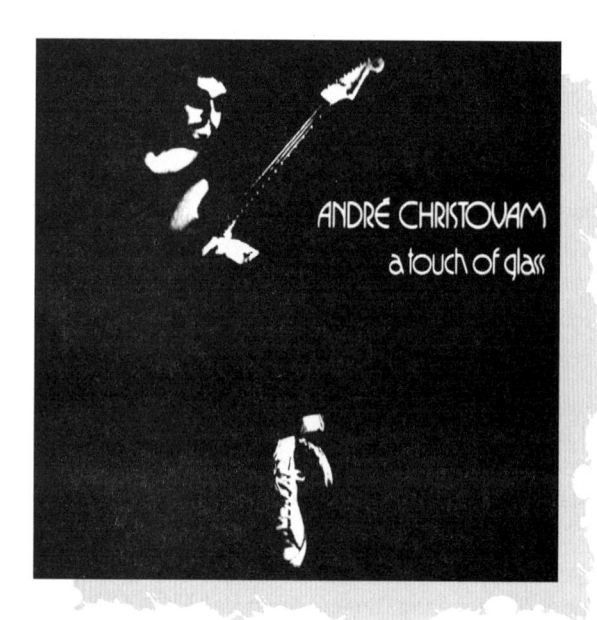

André Christovam

GRAVANDO: Eldorado, 1991
A Touch of Glass

O *segundo álbum de André Christovam, todo cantado em inglês e deslizando com o* bottleneck *de cabo a rabo, tem um culpado: Aldir Blanc. Opa, como assim? O parceiro de João Bosco é o responsável por um dos melhores discos de blues feitos no Brasil?*

"Sim, foi ele o culpado", assume Christovam. "O Aldir fez uma resenha bastante elogiosa à 'Mandinga', disse que era um dos melhores textos em português que ele tinha ouvido. Eu sempre fui fã dele e do João Bosco. Cara, quando vi que estava sendo avaliado por ele, fiquei sem coragem de voltar a escrever em português", diz, sério.
Assim, nascem as canções "Leave my Money Alone", "Wolf and Sheep" e "Brown Candles". "The Stumble", de Freddie King, e "One Kind Favor", de Blind Lemon Jefferson, são as homenagens do disco. Christovam também celebra o ator Robin Williams com um ensolarado tema folk, "Oh Captain, My Captain" (referência ao filme Sociedade dos poetas mortos*). O lançamento ganha muitos elogios, mas acaba desagradando uma grande ídola: Rita Lee.*
"Ela falou: 'Você fez um disco brilhante em português e depois essa merda em inglês, pode?'. Eu tinha essa dificuldade típica do blues, que é um gênero no qual a pessoa canta o que vive, e ela me dizia: 'Aprenda a compor sem viver a história!' Demorei quase dez anos para conseguir fazer isso", assume.

André Geraissati
Violão e guitarra na alma

André Luiz Geraissati
São Paulo, SP, 1951

INFLUÊNCIAS:
Aladdin, Sérgio Dias, Hank Marvin, Nokie Edwards, Jimi Hendrix, Jeff Beck, Mark Knopfler

GUITARRA:
Fender Stratocaster

André Geraissati é mais conhecido por seu trabalho como violonista. Mas é a partir da guitarra que nasce sua história como músico.

"Morei em Tatuapé [SP] e tive a oportunidade de ir às casas do Aladdin [guitarrista do The Jordans] e do Mingo [guitarra base dos Clevers, futuros Incríveis]. Fiquei impressionado com o som deles, e pude ouvir os Clevers ensaiando. Isso me apurou o gosto para a música instrumental", recorda. "Até hoje consigo perceber influências de Nokie Edwards [Ventures] e Hank Marvin [Shadows] no meu som."

O batismo de André Geraissati como guitarrista se dá nas domingueiras dançantes (os mingaus, como são apelidadas em São Paulo) e nos duelos de músicos, comuns na época, fim dos anos 1960. Um dia, esbarra com um garoto convencido, de franjinha "beatle", que mora em Pompeia e arrasa nas seis cordas.

"Era o Sérgio Dias. Fizemos um duelo e eu estava indo bem, mas ele deixou para o final "Caravan", do Duke Ellington, na versão dos Ventures. Tinha um truque ali, que era mover o dedo dando uma palhetada. Eu não sabia como se fazia aquilo e ele ganhou!", resigna-se, mas acaba virando amigo e admirador confesso do rival. "Conhecer o Serginho me fez, pela primeira vez, enxergar a música vindo pela mão de alguém. Anos depois, compus um instrumental em homenagem a ele, 'Com o sol nas mãos'. Foi um momento mágico que nunca consegui descrever em palavras."

Geraissati torna-se um herói da guitarra ligado ao movimento de bandas brasileiras especializadas em tocar sucessos do pop internacional (Watt 69, por exemplo). Posteriormente, nos anos 1970, acompanha Ronnie Von, Claudia Barroso, Agnaldo Rayol e artistas nacionais que cantam em inglês, como Paul Jones.

"Toquei também em um *power* trio chamado Mona, com os irmãos Albino e Pedro Infantozzi, substituindo um grande músico, o Fabio Gasparini", conta.

A virada para o violão acontece quando passa a ministrar aulas no CLAM, a escola de música do grupo instrumental Zimbo Trio.

"Entrei em crise existencial, precisava de uma ideia nova", confessa.

Geraissati não esquece o dia em que empresta um violão Ovation para o guitarrista belga Philip Catherine fazer um show no primeiro Festival Internacional de Jazz de São Paulo, em 1978:

"Toquei com ele e o Larry Corryel, e vi que o negócio do trio dava mobilidade".

A partir daí nasce o trio D'Alma, com Mozart Mello e Ulisses Rocha, que grava dois discos. E Geraissati "cai dentro" do acústico, sua especialidade até hoje.

Antenor Gandra
Do rock do diabo ao
Padre Zezinho

Antenor Soares Gandra Neto
São Paulo, SP, 1951

INFLUÊNCIAS:
Wes Montgomery, Chet Atkins, Jimi Hendrix

GUITARRAS:
N.Zaganin, Fender, Gibson, Yamaha, Ibanez

Lembra-se do solo de "A lua e eu", clássico do cantor e compositor Cassiano (do disco *Cuban Soul*, de 1976)? É dele.

"O 'Cassi' me pediu que citasse a melodia do refrão da música no solo: 'O tempo faz / eu lembrar você'. Toquei e adoraram!", descreve Antenor Gandra.

Discos como *Novo aeon*, de Raul Seixas (1975), têm igualmente seus solos melódicos e pesados em canções como "Para Noia" e "Rock do diabo". Ele conta que o início na guitarra é aos 12 anos:

"Um colega de colégio tocava, tinha um conjunto que relia canções dos Ventures, Shadows. Eu me senti hipnotizado. Pedi umas dicas e ele me ensinou umas quatro sequências de acordes. Em 1966, montei minha primeira banda e tocava Beatles e Shadows".

Nos anos 1970, Gandra passa a integrar a geração de artistas paulistanos que se apresentavam nos clubes de São Paulo, como o Círculo Militar (ao lado de atrações como Made in Brazil). Depois, passa a tocar em estúdio e prossegue em trabalhos com inúmeros arranjadores, entre eles Daniel Salinas, Chiquinho de Moraes e Miguel Cidras. Com este, chega a Raul Seixas.

"Raul era um cara bastante tranquilo em estúdio, muito gente boa. Eu ia ao Rio e sempre nos encontrávamos, 'vamos lá comer uma comidinha síria', ele convidava", emociona-se o guitarrista.

Ele também acumula trabalhos com publicidade. Grava ainda com Antonio Marcos e Roberto Carlos, além de Padre Zezinho, Christian & Ralf, Nelson Ned e até o astro internacional Ray Conniff entra na lista. Nada mau para um artista que se diz autodidata.

"Mas estudo até hoje", afirma.

Augusto Licks
O engenheiro da guitarra gaúcha

Augusto Moacir Licks
Montenegro, RS, 1956

INFLUÊNCIAS:
"Ele veio com parâmetros que eu não conhecia. Blues, música americana, Eric Clapton...", diz Humberto Gessinger à *Bizz*, em 1990

GUITARRAS:
Steinberger, Fender Stratocaster, Gibson

Augusto Licks é dono de fraseados limpos, belos, herdados da música brasileira dos anos 1970, do progressivo, do blues e de algo que se localiza entre o rock rural e o som mineiro. Nacionalmente conhecido como o suporte técnico da formação clássica da banda Engenheiros do Hawaii (com Humberto Gessinger no baixo e Carlos Matz na bateria, que dura de 1987 a 1994), ele já vem de antes. Profissionalmente, Licks estreia em 1979, ao virar guitarrista e parceiro de um dos grandes nomes da canção sulina: Nei Lisboa.

Dois anos depois, ao lado de Lisboa, faz a trilha do filme *Deu pra ti, anos 70* – clássico da filmografia jovem gaúcha, dirigido por Giba Assis Brasil e Nelson Nadotti. Discos do cantor, como *Pra viajar no cosmos não precisa gasolina* (1983) e *Carecas da Jamaica* (1987), também trazem sua guitarra. Um encontro com Carlos Maltz na plateia de uma apresentação do grupo inglês de rock Echo & The Bunnymen, no Rio de Janeiro, sela sua entrada para o grupo Engenheiros em 1987.

Hoje, dá workshops do instrumento.

Bento Hinoto
Divertido e também virtuoso

Alberto Hinoto
Itaquaquecetuba, SP, 1970 / Serra da Cantareira, SP, 1996

INFLUÊNCIAS:
John Petrucci, Alex Lifeson

GUITARRAS:
"Usava uma Tagima feita para ele", lembra Rick Bonadio

Morto tragicamente com todos os seus companheiros de banda em 1996, Alberto Hinoto (ou Bento Hinoto, como passa a ser conhecido o guitarrista do grupo Mamonas Assassinas) é um tarado por heavy metal progressivo antes de embarcar na louca viagem rumo ao estrelato de seu grupo. No início, chama a atenção por sua técnica e visual engraçado: um japonês com trancinhas rastafári. Músicas como "Jumento

Celestino", "Débil metal", "Pelados em Santos", "1406" e "Vira vira", todas do primeiro e único álbum do Mamonas, mostram sua entrega às seis cordas. E às quatro cordas também, como informa o produtor do álbum, Rick Bonadio.

"O Bento ainda gravou um baixo no disco, na música '1406'", destaca ele, se lembrando de muito trabalho e muita alegria durante as gravações. "Ele, como todos os seus colegas, ganhou logo o respeito dos músicos. Todos o viam como bom instrumentista também. Se fosse só engraçado, não teria dado certo", aposta.

No filme *Mamonas para sempre* (2011), de Cláudio Kahns, Bonadio elenca Hinoto como "o melhor músico do grupo e era o cara que dirigia, conduzia os arranjos. O [vocalista] Dinho sacava as coisas, mas ele [Bento] que realizava".

Cláudio Venturini
Do rock ao country a bordo do 14 Bis

Luís Cláudio Venturini
Belo Horizonte, MG, 1958

INFLUÊNCIAS:
Frederyko, Lulu Santos, Pete Townshend, Jimmy Page, Ritchie Blackmore, David Gilmour, Jeff Beck, Steve Howe, Steve Hackett, Frank Zappa, Robert Fripp, John McLaughlin

GUITARRAS:
Phelpa, Tagima, Roland 707, Roland 808, Gibson SG, Gibson Les Paul, Fender Stratocaster, Rickenbaker

O mundo da música está cheio de casos de irmãos que começam tocando juntos e, anos depois, viram artistas históricos. O mineiro

Cláudio Venturini, nove anos mais jovem que o compositor e tecladista Flávio Venturini (ambos fundadores do grupo 14 Bis), não é exceção.

"Quando meu irmão tocava no Terço, acompanhei shows, ensaios e aprendi muito com os caras. O Sérgio Hinds me deu o primeiro pedal que usei, um distorcedor da Marshall", recorda Cláudio.

A paixão pela guitarra se dá antes ainda:

"Vi o filme *Woodstock* com 13 anos, meus amigos enganaram o porteiro do cinema e consegui assistir. Quando vi aquele blues do Jimi Hendrix que encerra o filme, decidi que aquilo era o que eu queria fazer da vida: tocar guitarra!"

No início, se vira com as da marca Phelpa. Chega a pegar duas "bem velhas e surradas" para montar uma terceira.

"A guitarra era ruim, mas eu viajava imaginando como seria tocar com uma Gibson ou Fender", conta. "Meus pais mantinham um pensionato feminino, e meu quarto, por razões óbvias, era a garagem desativada, distante das garotas. Quando uma emissora de rádio anunciou que estava desmontando seu estúdio e se desfazendo de todo o revestimento acústico, consegui resgatar tudo e meus amigos viviam lá em *jams* intermináveis."

Cláudio Venturini é autor de solos ágeis e ligados ao country e ao rock, marca evidente em seu trabalho no 14 Bis – que passa a liderar após a saída de seu irmão, em 1987.

14 Bis

GRAVANDO: Odeon, 1979
14 Bis

Aí aparecem Flávio Venturini (teclados, voz), Sérgio Magrão (baixo) e Luiz Moreno (bateria). Daí O Terço, liderado por Sérgio Hinds (guitarra, voz), torna-se um desdobre mineiro do rock carioca. E um embrião do grupo 14 Bis, Bis – este já trazendo Flávio, Magrão, Cláudio, Hely (bateria) e Vermelho (teclados).
A estreia meio progressiva meio pop do grupo sai em vinil em 1979, produzida por Milton Nascimento. Pesado na medida certa, saudosista do rock do início dos anos 1970 e dos Beatles (abre com a bela "Perdido em Abbey Road") e com pegada country em músicas como "Natural" e "Cinema de faroeste". Tons mineiros vindos de audições e mais audições do álbum Clube da esquina, de Milton e Lô Borges, surgem em canções como "Três ranchos", "O vento, a chuva, o teu olhar" e "Meio-dia".

Eduardo Ardanuy
Em busca da sonhada Fender

Eduardo Ardanuy Lourenço
São Paulo, SP, 1967

INFLUÊNCIAS:
Ritchie Blackmore, Jimmy Page, Jeff Beck, Jimi Hendrix, Eddie Van Halen, Yngwie Malmsteen, Steve Morse, Steve Vai, Eric Johnson, Mattias Eklundh, Greg Howe, Scott Henderson, Allan Holdsworth, Alex Lifeson, "entre outros..."

GUITARRAS:
Giannini, Tagima Edu Ardanuy Signature

O heavy metal mal existe como gênero no Brasil quando Eduardo Ardanuy coloca as mãos em uma guitarra.

"Eu gostava era de rock e suas vertentes, como blues, country, jazz-rock e rock progressivo. Apesar de não ter muita consciência disso na época", considera o guitarrista do Dr. Sin e um dos ícones do metal no Brasil.

Aos 17 anos de idade, Ardanuy consegue uma Fender Stratocaster norte-americana. Ele já toca há seis anos.

"A Fender Strato era meu sonho, ao lado da Gibson Les Paul. Hoje, tenho minha própria guitarra signature. Que mais eu poderia querer?", festeja.

Antes do Dr. Sin, passa ainda pelos grupos A Chave do Sol e Anjos da Noite. Aos guitarristas novatos, o professor Ardanuy recomenda: treine o ouvido antes dos dedos.

"O negócio é solfejar a frase musical antes de tocá-la", ensina.

Dr. Sin

GRAVANDO: Warner, 1993
Dr. Sin

O primeiro lançamento do Dr. Sin abre novos espaços para a guitarra e para o metal brasileiro no mundo. O som pesado sai em definitivo do subterrâneo e dá a cara dos anos 1990. Há espaço para o Sepultura e há tempo para o metal cromado e virtuoso do grupo de Edu Ardanuy, que chega meio atrasado dos anos 80, mas acrescenta novas sonoridades ao estilo. "Emotional Catastrophe" é o clássico do álbum, que tem ainda "Have You Ever Seen the Rain", cover do Creedence Clearwater Revival.

O disco nasce do sacrifício dos músicos, que vendem tudo o que têm para tentar a sorte em Nova York.

"Mandamos demos, até que a Warner se interessou. Era tudo mágico: gravar na América, em um grande estúdio. Abrimos shows de bandas internacionais, fizemos o Hollywood Rock. Foi a melhor divulgação que tivemos em nossa história", lembra Ardanuy.

Edgard Scandurra
As seis cordas de cabeça
para baixo

Edgard José Scandurra Pereira
São Paulo, SP, 1962

INFLUÊNCIAS:
Pepeu Gomes, Lanny Gordin,
Pete Townshend, Jimmy Page, Jimi Hendrix,
Tony Iommi, Robert Fripp

GUITARRAS:
Giannini, Rickenbacker, Fender Stratocaster

Um dos principais talentos da guitarra brasileira surgidos nos anos 80, Edgard Scandurra é canhoto. Descobre a guitarra através dos ídolos internacionais do rock ("A primeira vez que ouvi foi na música 'The House of the Rising Sun', do The Animals"), aprende alguns acordes com o mano mais velho e começa a pegar o instrumento ao contrário, sem inverter as cordas, o que lhe confere uma pegada única.

"Isso altera um pouco a sonoridade. Resulta em um timbre que acredito ser a minha marca registrada mesmo, essa pegada da canhota", explica Scandurra.

Com o tempo, abre os ouvidos para bandas como The Who (aos 13 anos conhece o disco *Quadrophenia*, de 1973), The Jam, Sex Pistols e, posteriormente, para a música eletrônica.

Scandurra não se prende ao Ira!, conjunto que o catapulta ao estrelato, e dedica-se também a outros projetos. Grava solo a partir de 1989 (*Amigos invisíveis*, disco no qual toca guitarra, baixo, bateria e até violino) e acompanha nomes como Arnaldo Antunes e Karina Buhr, além de iniciar frentes com o grupo infantil Pequeno Cidadão. A descoberta dos sons eletrônicos gera o segundo álbum com seu nome, *Benzina* (1995).

"Quando se referem a mim como um cara importante na guitarra, acho que é o reconhecimento pelos trabalhos que fiz no Ira!, com Arnaldo Antunes, pelos anos em que toquei com a guitarra Giannini enquanto todos tinham sua guitarra importada, ou quando entrei na música eletrônica quando todos torciam o nariz para o estilo", considera ele.

Ira!
Warner, 1986

GRAVANDO:
Vivendo e não aprendendo

O segundo disco do Ira! traz a banda experimentando as possibilidades do superestúdio carioca Nas Nuvens, de propriedade do produtor Liminha. Mas carrega também muita discordância interna: livros como Dias de luta: o rock e o Brasil dos anos 80, *do jornalista Ricardo Alexandre, afirmam que o pau come o tempo todo. O grupo, ao elaborar o álbum, deseja um "som de trio", mas quer guiar o timão para as guitarradas entre o mod e o punk do The Jam, enquanto o chefe do estúdio, no comando das gravações, inspira-se em Rush. Entre mortos e feridos, as gravações são transferidas para São Paulo, o disco passa por um verdadeiro time de produtores (até a banda coassina a produção) e o resultado, na guitarra, traz o clima meio zen e meio mod de canções como "Vivendo e não aprendendo" e "Envelheço na cidade", o som quase hispânico (em alguns momentos) de "Dias de luta", o punk pula-pula de "Tanto quanto eu" e da clássica "Gritos na multidão" e o punk-funk de "Vitrine viva". Nada de guitarras econômicas: Edgard Scandurra sola e investe em camadas de gravação do instrumento em vários momentos. E ainda tem "Flores em você", folk com quarteto de cordas que entra na abertura da novela* O Outro. *Imperdível!*

Fabio Golfetti
Tinturas progressivas

Fabio Golfetti
São Paulo, SP, 1960

INFLUÊNCIAS:
Syd Barrett, Daevid Allen, David Gilmour, Terje Rypdal, Steve Hillage, Manuel Göttsching

GUITARRAS:
Fender Telecaster, Fender Stratocaster, Hohner GT3, Danelectro DC-59

O bom e velho rock progressivo volta a dar as caras no *mainstream* brasuca nos anos 80 por intermédio do grupo paulistano Violeta de Outono – liderado até hoje por Fabio Golfetti que, em meio a punks e pós-punks, busca suas referências em nomes como Yes, Genesis, Pink Floyd e Gong, além de jazzistas.

"O som do Violeta de Outono era atemporal. Era baseado no rock básico e clássico, e isso fez com que chamasse a atenção de um público que estava adormecido. Por outro lado, havia um paralelo com bandas dos anos 80, como Echo & The Bunnymen ou Joy Division, que, para mim, desenvolviam uma música calcada na simplicidade dos anos 60", define Golfetti, cujo toque à guitarra tem uma cara bem meditativa, mântrica, desde os primeiros registros. "Sempre acreditei na música como um veículo para transformação de estados psíquicos e mentais. No caso do Violeta de Outono, o objetivo era criar paisagens sonoras que, associadas às letras, levassem o ouvinte a outros estados de consciência, uma atmosfera hipnótica, onírica", idealiza.

O trio básico de discos do Violeta inclui o EP independente, de 1986, e os dois álbuns pela RCA (hoje Sony): *Violeta de Outono* (1987) e *Em toda parte* (1989). De lá para cá, Golfetti diz ter melhorado especialmente "na parte técnica em termos de sonoridade e timbres. Tenho me dedicado há anos em conseguir um timbre definido e pessoal, utilizando pedais clássicos e básicos. Quanto mais simples, mais sutil e refinado se torna o som. Tento evoluir nesse sentido como guitarrista".

Faiska
Solos em combustão

José Eduardo Fernandes Borges
São Paulo, SP, 1955

INFLUÊNCIAS:
Ritchie Blackmore, Jeff Beck, Joe Pass

GUITARRAS:
Giannini, N.Zaganin Faiska Signature

Aos 10 anos de idade, José Eduardo Fernandes Borges é daqueles garotos que não dão sossego. Logo, ganha o apelido de Faiska, que o imortaliza como um dos grandes guitarristas brasileiros, trafegando entre o jazz, o blues e o rock.

"O apelido veio até antes da guitarra", ressalta José Eduardo-Faiska, que logo descobre sua vocação: "Eu queria muito ser um beatle ou um stone".

O primeiro herói mora perto de sua casa.

"Eu e o Oswaldo Malagutti [baixista do Pholhas] éramos vizinhos de bairro, as famílias eram amigas. Quando era moleque, ia a casa dele pedir para afinar meu violão e ele sempre me ensinava uma música", lembra.

Os primeiros empregos vêm bem cedo. Aos 17 anos de idade, toca com o casal Eduardo Araújo e Silvinha ("Aprendi com eles muita coisa, não só na música, mas sobre como trabalhar em grupo"). Durante a carreira, integra bandas de releituras como a Zhappa ("Apesar do nome, nós nem conhecíamos o Frank Zappa na época"), encara o mercado publicitário (grava *jingles* no estúdio Voz do Brasil, de Zé Rodrix e Tico Terpins) e trabalha com artistas que vão do sertanejo (Wanessa, Leandro & Leonardo) à música pop (Rita Lee, Ney Matogrosso). Também grava álbuns solo, dá workshops e lança videoaulas. Faiska ainda arruma tempo para pesquisar nerdices mil sobre guitarras, em nome do melhor som – cabos e regulagens de pedais, por exemplo, não escapam dele.

"É bom conhecer um pouco do instrumento. Eu não fico na mão. Faço tudo aqui em casa. Adoro pesquisar e testar equipos novos", revela.

Frank Solari
Guitarras à gaúcha

Frank Silva Solari Oliveira
Porto Alegre, RS, 1972

INFLUÊNCIAS:

"Influências? Minha lista seria imensa e ainda deixaria de ter nomes... Gosto muito de ouvir Paco de Lucia, Jeff Beck e intérpretes de Chopin"

GUITARRAS:

Tonante, Giannini, Finch, Ibanez, N.Zaganin, Paul Reed Smith, Gibson, Fender, Jackson, Charvel, Aria, Yamaha, guitarras feitas por *luthiers* como Domingo Fialho e Alex Cheruti, e o modelo Lucky, projetada por ele e fabricada pela Ledur Instrumentos Musicais

Instrumentista, compositor, arranjador, produtor e intérprete. Fera na criação de trilhas sonoras para televisão e cinema e em videoaulas, e dono de um trabalho autoral solo que acumula três discos, Solari começa mesmo na música martelando o piano.

"Não me lembro quando ouvi falar em guitarra pela primeira vez, mas me lembro de gostar muito do som distorcido interligando as notas. Me chamava a atenção porque já estudava piano e essa característica sonora era bem diferente. Depois, me lembro de curtir sons como 'Layla', do [Eric] Clapton; 'Stairway to Heaven', do Led [Zeppelin]; todo o disco *1984*, do Van Halen; 'Still Lovin You', do Scorpions; o disco *Powerslave*, do Iron Maiden... Acho que essa foi minha base na guitarra elétrica", conta. "Eu ouço música, não só a guitarra. Gosto do resultado, não de algo em separado."

Começa a ganhar fama ao abrir os shows da turnê de Bob Dylan no Brasil, em 1991 (ao lado de outro grande guitarrista gaúcho, Duca Leindecker). A partir daí, grava solo e também álbuns em parceria – na banda Tritone, por exemplo, soma forças com os guitarristas Eduardo Ardanuy (Dr. Sin) e Sérgio Buss (que tocou com Steve Vai e, atualmente, é fotógrafo).

Solari segue a escola do hard rock virtuoso de Eddie Van Halen, Joe Satriani e Steve Vai. Reverencia outros ídolos no projeto Iron Maiden By Frank Solari, no qual recria os solos e riffs da celebrada banda inglesa de heavy metal.

Frederyko
Som imaginário real

Frederico Mendonça de Oliveira
Rio de Janeiro, RJ, 1945

INFLUÊNCIAS:
Barney Kessel, Wes Montgomery, Howard Roberts, Jimi Hendrix, Jimmy Page

GUITARRAS:
Savoy (japonesa), Eko (italiana), Ronay SG (*luthier*, "com toda a parte eletrônica e ferragens da Gibson SG")

É dom e pronto! Não se trata de uma apologia ao não estudo, mas Frederyko (ou Fredera, como também costuma ser chamado) admite que boa parte do *approach* à guitarra que se ouve em álbuns de Milton Nascimento ou do grupo Som Imaginário, nos quais participa, vem de crescimento natural.

"Muitíssimo pouco me dediquei a estudar solo na guitarra ou coisas assim. Deixava que as coisas viessem naturalmente", confirma.

Menino prodígio que já toca cavaquinho aos três anos e violão aos cinco, Fredera cresce em meio a reuniões musicais. Desenvolve sua musicalidade pesquisando os discos de João Gilberto e Barney Kessel.

"Depois ia aos bailes ver os guitarristas da época e vi gente como o Durval Ferreira integrando o grupo do Ed Lincoln, fazendo aquela guitarra rítmica sensacional", elogia ele, fã também de nomes como Hélio Delmiro e Geraldo Vespar.

Um encontro com o clarinetista Paulo Moura, no fim dos anos 1960, o coloca no caminho da galera do Clube da Esquina: Milton Nascimento, Wagner Tiso e Robertinho Silva.

"Sempre senti que outras forças trabalhavam através de mim, o que me distanciava do pessoal que queria alcançar padrões de mercado", define Fredera, hoje dedicado às letras (é escritor e jornalista) e ao blues.

Som Imaginário

GRAVANDO: Odeon, 1970
Som imaginário

Se o lendário guitarrista mexicano Carlos Santana diz que Milton Nascimento é rock, é porque é – e uma declaração atribuída a ele, nos anos 1970, imortaliza isso. Pobres dos que não percebem as nuanças progressivas e psicodélicas que existem em álbuns como Milton, de 1970, no qual é acompanhado pelo grupo Som Imaginário. No mesmo ano, o cantor carioca radicado em Minas coloca a banda no estúdio e produz seu primeiro disco. Um primor de lisergia, a meio caminho das montanhas mineiras, com destaque para os teclados de Zé Rodrix e a guitarra tensa de Fredera, na cara do ouvinte em canções como "Super God", "Hey Man" e "Make Believe Waltz".

Fredera não deixa por menos e inclui três canções memoráveis: a balada "Sábado" (gravada posteriormente, em versão mais pop, pelo Roupa Nova), o misterioso blues "Pantera" (homenagem ao grupo militante Panteras Negras) e "Nepal", que já gravara solo num raro compacto do selo Equipe, sob o título No Nepal tudo é barato. Originalmente, é uma balada com cara de Burt Bacharach ganhando ares de sonho hippie no estúdio da Odeon. Todo o mundo (músicos e amigos) canta junto e improvisa uma festa em meio aos microfones e equipamentos, inspirada por "um certo material trazido da Mangueira e consumido coletivamente", brinca o músico.

Frejat
Com o pé no blues e no rock clássico

Roberto Frejat
Rio de Janeiro, RJ, 1962

INFLUÊNCIAS:
Jeff Beck, Eric Clapton, Jimi Hendrix

GUITARRAS:
N.Zaganin, Carlos Martau,
Fender Stratocaster, Gibson Les Paul

Os anos 80 trazem novas estéticas musicais ao mundo pop, com mais teclados e baterias eletrônicas. Nesse cenário, o grupo Barão Vermelho, do qual faz parte o guitarrista Roberto Frejat, é dos raros nomes a conseguir destaque no período mantendo-se mais fiel a um tipo de som herdado dos anos 1970, calcado no blues-rock inglês e norte-americano.

"Quando comecei a gostar de rock, fui logo atrás dos caras que começaram tudo isso, e aí cheguei ao blues. Tem um disco muito importante na minha formação que é o do John Mayall com Eric Clapton [*Bluesbreakers with Eric Clapton,* de 1966]. Ali tem um dos melhores sons de guitarra já gravados", recomenda Frejat. "Nunca fui de tirar as músicas dos caras os quais eu gostava, mas ouvia e absorvia para ter aquilo assimilado. Coisas de Albert King, George Harrison, Jeff Beck, Santana, sem falar em Jimi Hendrix, o músico que mais encarnou o espírito do rock em toda a história."

Desde a saída de Cazuza, vocalista original do Barão, em 1985, Frejat acumula o posto com a função de guitarrista e segue com o grupo.

"Já não tenho mais a referência do Cazuza durante o meu processo de criação. Acontece muito de eu me lembrar dele quando ouço alguma música que ele gostava ou vejo um livro que a gente leu na mesma época. Meu desafio é conseguir trabalhar com vários parceiros e ainda soar parecido comigo no final", considera ele, que passa a compor também com Paulo Ricardo, Zeca Baleiro, Zé Ramalho, Gustavo Black Alien e Leoni, entre muitos outros.

Estreia solo em 2001 e hoje só retoma o Barão Vermelho em causas muito especiais, como a turnê comemorativa pelos 30 anos do primeiro disco.

Barão Vermelho

GRAVANDO: Opus/Columbia, 1984
Maior abandonado

O último disco com a formação original do Barão Vermelho pode ser listado como o melhor deles. "Por que a gente é assim?" (de Frejat, Cazuza e Ezequiel Neves), "Bete Balanço" (tema também de filme homônimo) e a faixa-título (essas duas de Frejat e Cazuza) são alguns dos sucessos do lançamento, praticamente indispensáveis no roteiro de qualquer show do grupo até hoje. Maior abandonado, o álbum, ganha Disco de Ouro e Frejat é reconhecido como um dos mais relevantes músicos e compositores de sua geração.

"Acho que as minhas guitarras nos discos do Barão têm uma riqueza de timbres que sempre foi uma preocupação minha", ressalta o guitarrista. "Já fiz discos com o Barão em que o produtor não acreditava que eu usaria todas as guitarras e amplificadores diferentes que levei para o estúdio. No final, usei tudo. É um prazer pensar na sonoridade específica para cada combinação de instrumentos e caixas de som."

Gabriel O'Meara
Um guitarrista de peso

Gabriel O'Meara
Nova York, EUA, 1947

INFLUÊNCIAS:
Jimmy Page, B.B. King

GUITARRAS:
Gibson Les Paul, Gibson SG, Fender Stratocaster

Soul, rock, samba, música latina, blues. Temporadas na Venezuela e a chegada, nos anos 1970, ao Brasil. Jornalismo e música. A história do norte-americano Gabriel O'Meara, popularizado como guitarrista do grupo O Peso, é quase uma chuva de tags.

"Após três anos tocando soul em Detroit, precisava de umas férias e meu pai me convidou para ir ao Brasil, onde ele morava", recorda Gabe, como fica conhecido.

Logo, faz amizade com Tim Maia ("Gostávamos de discutir as diferenças entre o soul da Filadélfia, o da Stax e o da Motown, ele tinha vasto conhecimento de todo o tipo de música!") e acaba tocando com Gal Costa, em 1971, época do show *Fa-Tal*, quando Pepeu Gomes (que substituíra Lanny Gordin) sai para cuidar do grupo Novos Baianos. O Peso já existe quando O'Meara entra para o grupo: uma dupla cearense, formada por Luiz Carlos Porto e Antonio Fernando, que participa do Festival Internacional da Canção de 1972 com o rock nordestino "O pente".

"O produtor Guti de Carvalho se aproximou de mim e me pediu para montar uma banda para apoiá-los", conta o guitarrista.

O grupo só grava em 1975 o LP *Em busca do tempo perdido*, hard rock com cara brasileira, boas baladas, excelentes blues e o hino bicho-grilo "Cabeça feita!".

"No álbum, entre algumas Gibsons, usei também uma Fender Stratocaster que Lulu Santos me emprestou para gravar alguns solos", revela.

Após O Peso, Gabriel O'Meara diversifica seu raio de ação. Compõe souls e baladas para Tim Maia, toca em discos de Zé Ramalho e – fã de música latina que é – produz até álbuns de samba, como *Reunião de bacana*, do grupo Exporta Samba (1980, com a música título trazendo o verso "se gritar pega ladrão, não fica um, meu irmão") e *O suburbano*, estreia de Almir Guineto (1981). Hoje, mora em Miami e toca guitarra e viola caipira em casa.

"Sempre dou um jeito de tocar uns blues na minha Fender Stratocaster nos fins de semana. Ainda tenho uma boa pegada", garante.

E quem duvida?

Heitor TP
Do Simply Red a Hollywood

Heitor Teixeira Pereira
Rio Grande, RS, 1960

INFLUÊNCIAS:
Heitor Villa-Lobos, Lanny Gordin, Heraldo do Monte, Hélio Delmiro, Andrés Segovia, Jimmy Nolen, Frank Zappa

GUITARRAS:
Gibson 335, Paul Reed Smith, Starr Labs Ztar Midi Guitar

Na virada dos anos 1980 para 1990, Heitor TP é o nosso embaixador internacional da guitarra, com posto titular no badalado grupo inglês Simply Red. Hoje, vive na Califórnia, Estados Unidos, e é um representante brasileiro na música de Hollywood. Lá, Heitor Pereira trabalha com o compositor alemão Hans Zimmer em trilhas sonoras para o cinema, com currículo que acumula sucessos de bilheteria como *Smurfs* e *Madagascar*.

"Um dia, o Hans Zimmer me falou que o [diretor] James Brooks precisava de canções brasileiras para o filme *Melhor é impossível*. 'Por que você não escreve?', ele me perguntou. Fiz os arranjos, toquei violão, acabei fazendo outras coisas na trilha. Até apareço no filme, em uma cena em que aparece uma banda tocando", destaca ele, ao jornalista Leonardo Lichote, do jornal *O Globo*, em 2011.

Em 2006, garante a sua estatueta ao faturar o Grammy pelo Melhor Arranjo Instrumental para uma versão da música "What Are You Doing the Rest of Your Life?", do Sting. Antes, faz arranjos e/ou toca com gente grande: Sergio Mendes, Alejandro Sanz, Jack Johnson, Elton John, Willie Nelson, Shania Twain e muitos, muitos outros.

TP integra a afamada geração de notáveis artistas da cidade de Niterói (RJ), que nos anos 80 é comumente chamada de "celeiro de músicos" (odiamos este termo!). Lá, o guitarrista forma bandas como o Pulsar, junto dos não menos talentosos Arthur Maia (baixo, Gilberto Gil) e Cláudio Infante (bateria, Kid Abelha). Contabiliza na carreira três álbuns solo. E ele mesmo tem o seu herói: se orgulha de ter estudado com o lendário violonista e professor Jodacil Damasceno.

"Ele me ajudou com exercícios para o resto da vida", frisa. "Aprendi também com o amigo e professor Sérgio Benevenuto", finaliza.

Simply Red

GRAVANDO: Warner, 1991

Stars

Quando Heitor TP assume a guitarra no Simply Red (permanece na banda de 1988 a 1996), o grupo está tirando onda, em uma fase brilhante, musicalmente e de popularidade. TP empresta uma bela dose de sofisticação aos arranjos. O auge se configura no discaço Stars, de 1991, que se torna o maior sucesso de vendas da banda do vocalista Mick Hucknail (que assina em todas as faixas). Com sua guitarra marcante no ritmo, solos e texturas, Heitor TP brilha em todo o álbum, do irresistível suingue de "Something Got Me Started" e da faixa título a baladonas inesquecíveis, como "For Your Babies".

Curiosidade: durante o período em que o guitarrista mora em Niterói, Hucknail se hospeda em sua casa, conhece a praia de Itacoatiara e, reza a lenda, é flagrado vendo a moda na finada loja de departamentos Mesbla.

Hélcio Aguirra
Paixão pelos valvulados

Hélcio Teixeira Aguirra
São Paulo, SP, 1959 / São Paulo, SP, 2014

INFLUÊNCIAS:
Luiz Carlini, Tony Iommi, Michael Shencker, Ritchie Blackmore, Gary Moore, Glen Tipton

GUITARRAS:
Gibson SG, Gibson Flying V

Hard rock: essa nomenclatura tão associada aos anos 1970 (e meio que tirada de cena pelo peso ainda mais contundente do heavy metal) volta a fazer sentido na década seguinte. Em meio a isso, um grupo paulistano, o Golpe de Estado, abre seus trabalhos dedicando-se ao som pesado de antigamente. E ainda revela mais um herói da guitarra: Hélcio Aguirra que, infelizmente, sai de cena em 2014.

Suas primeiras influências musicais vêm do pai, Edmundo Aguirra, que toca bandolim e ouve antigos discos de 78 rotações em casa.

"Ele usava equipamentos valvulados ligados a caixas acústicas que ele mesmo fazia. Foi minha escola com a eletrônica musical", contou o guitarrista.

Vindo da banda de heavy metal Harppia, ele é o último a se juntar ao Golpe de Estado que, em 1985, traz ainda na formação Paulo Zinner (bateria), Nelson Britto (baixo) e André Catalau (vocal). Mesmo ligado a gravadoras independentes (Baratos Afins e Eldorado), o Golpe ganha espaço nas rádios com músicas como "Libertação feminina" e "Caso sério", e lança oito álbuns.

Hélcio Aguirra também é técnico em eletrônica e trabalhou no desenvolvimento de pedais de distorção, e em aperfeiçoamentos em amplificadores. Os valvulados fazem parte das suas grandes paixões e ele chega a desenvolver alguns amplificadores. Ele ainda bola outros projetos musicais, como o Mobilis Stabilis, de rock progressivo instrumental.

O guitarrista morre de hipertensão arterial sistêmica aos 54 anos de idade, no dia 21 de janeiro de 2014.

Herbert Vianna
Uma guitarra na mão:
tudo o que ele sempre quis

Herbert Lemos de Sousa Vianna
João Pessoa, PB, 1961

INFLUÊNCIAS:
Lulu Santos, Jimi Hendrix, Jimmy Page, Santana, Brian May, Jeff Beck, Larry Corryell, Philip Catherine

GUITARRAS:
Fender Stratocaster, Fender Telecaster, Gibson Chet Atkins, Gibson ES-137, Gibson Les Paul, Guild Brian May, Paul Reed Smith

É em Brasília, a caminho da escola, em uma loja de instrumentos onde sempre para e gruda a cara na vitrine, que Herbert Vianna vê a primeira guitarra. O menino paraibano vai morar na capital federal ainda criança devido à vida militar do pai e lá tem as primeiras aulas de música.

"E essas aulas eram de bossa nova, e no violão. Guitarra, praticamente, não se via, pois as leis de importação eram muito rígidas. Portanto, tentei fazer uma guitarra a partir de um violão, fazendo o desenho de guitarra nele. Tudo que eu queria era ter uma guitarra elétrica", recorda.

Seria apenas questão de tempo. Herbert emplaca dezenas de sucessos nas paradas à frente do grupo Os Paralamas do Sucesso e deixa eternizado neles um punhado de solos – destaque para os de "Romance ideal" e "Lanterna dos afogados".

"O solo de 'Lanterna dos afogados' é dos mais bonitos que já criei e é um clássico na minha carreira. Ele foi feito no próprio estúdio, durante a gravação", revela. "Destacaria também o solo de 'Vital e sua moto'. Agora, um bom exemplo do que é a minha música é 'Alagados', que tem guitarra limpa com texturas africanas e pegada brasileira", ressalta.

Ele grava também discos solo, mais focados em seu lado compositor. Em 2001, Herbert sofre um acidente de ultraleve que o deixa paraplégico. No entanto, gradualmente retoma a carreira, volta aos palcos e continua lançando álbuns.

"Toco quase todos os dias nessa fase. Toco as lembranças de algo que me comoveu. Música é muito derivada da minha sensibilidade no 'arrepiômetro', de tudo que me causa arrepio emocional", diz à revista *Guitar Player* brasileira em abril de 2009.

Os Paralamas do Sucesso

GRAVANDO: EMI, 1986
Selvagem?

Nesse terceiro disco de Os Paralamas do Sucesso, Herbert Vianna aperfeiçoa não somente o som de sua guitarra, agora sob efeito das influências de uma recente overdose de discos de reggae, mas também sua língua afiada. A que dispara os versos "A polícia apresenta suas armas...", de "Selvagem", ou "A cidade, que tem braços abertos num cartão-postal, com os punhos fechados da vida real", de "Alagados".

Com influências também de outros ritmos latinos (em princípio, veja só, Herbert chega a ficar com vergonha de mostrar o riff de "Alagados" aos colegas de grupo, achando que era "samba demais"), além de uma canção de Tim Maia ("Você"), o álbum é bem recebido pela crítica, mas, na época, colegas de geração alfinetam Os Paralamas, dizendo que deixaram de ser uma banda de rock.

"Acho normal. A gente teria a mesma reação se aparecesse outro grupo fazendo um som que excluísse e minimizasse o potencial do que a maioria das bandas estava fazendo", reavalia Herbert Vianna. Hoje, é história: Selvagem? acaba redefinindo o rock brasileiro.

Jão
A união entre o punk e
o heavy metal

João Carlos Molina Estevez
São Paulo, SP, 1967

INFLUÊNCIAS:
Ritchie Blackmore, Angus Young, Kerry King

GUITARRAS:
Fernandes Les Paul, Washburn P4

Não, o nome do grupo fundado por Jão, Ratos de Porão, não vem de "Rats in the Cellar", canção do Aerosmith. Sim, as origens do grupo estão no hard rock e no heavy metal antes mesmo do punk.

"O primeiro guitarrista que eu prestei atenção foi o Ritchie Blackmore [Deep Purple]. O rock pesado dos anos 70 foi o que me iniciou: Kiss, Deep Purple, Led Zeppelin, Queen", enumera Jão.

No meio do caminho, os tais três acordes do punk.

"Ele proporcionou a pessoas como eu se tornarem guitarristas. Nem estudava música, ia pelo *feeling*", confessa.

Logo, funda o Ratos de Porão, banda na qual começa como vocalista e depois baterista. No fim dos anos 80, grupos como Slayer, Metallica e Exodus ajudam Jão a dar passos definitivos rumo ao heavy metal – e o RDP deixa o gueto punk. O namoro com o metal vira casamento em *Brasil* (1989), gravado na Alemanha com o produtor Harris Johns no comando.

"Foi um grande desafio. Meu inglês era tosco, mas o Harris fez um dicionário com algumas palavras em português. A certa altura, eu estava gravando e o cara parava e falava algo como 'desafinado'", diverte-se.

Atualmente, Jão também ataca de professor de guitarra:

"Como eu dei aula em ONG, tive todo tipo de aluno. Quando é aula particular, me procuram por causa do meu estilo de guitarra, mas a verdade é que tanto faz se você vai tocar punk ou MPB, o início é sempre meio igual".

Ele conta ainda que ouve de metal a blues e música brasileira antiga.

"Gosto de muita coisa que os fãs do Ratos de Porão nem devem imaginar que ouço, tipo Benito di Paula e Guilherme Arantes. E adoro jazz tradicional, Charlie Parker é foda!", confessa.

Jay Vaquer
Colorindo as loucuras do Maluco Beleza

Gay Anthony Vaquer
Morgantown, EUA, 1948

INFLUÊNCIAS:
Chuck Berry, Jimi Hendrix, Jimmy Page, Eric Clapton

GUITARRAS:
Framus, Gibson Les Paul, Gibson 335, Gibson 345, Gibson Howard Roberts Fusion, Guild, Fender Stratocaster

Filho de pai norte-americano e mãe paraense, Gay (depois Jay) Vaquer nasce nos Estados Unidos e aporta no Brasil em 1970, buscando escapar de uma providencial convocação para a Guerra do Vietnã. Ao lado da então mulher, a cantora brasileira Jane Duboc, vem para tocar com sua banda Fane (depois Fein) na Rede Globo. Fica de vez e traz na bagagem um passado de lições de piano, etapas em bandas (como The Bitter End e Mary's Grave) e influências de Beatles, Jimi Hendrix, Led Zeppelin e Love.

Aqui, esbarra em um sujeito que se torna muito importante em sua carreira: Raul Seixas, então produtor da CBS, que contrata o Fein para gravar um compacto, *Pollution*, devidamente censurado.

"Agentes do governo disseram que o Brasil já tinha problemas suficientes e que as pessoas não queriam mais problemas", afirma Jay em seu site.

O guitarrista passa a tocar sua Les Paul (e também percussão, e até vocais de apoio) nas gravações da CBS. Logo depois, assina com a RCA e registra um disco instrumental de free jazz, *The Morning of the Musicians*, com Jane Duboc, Luiz Eça (piano), o norte-americano Bill French (bateria) e Novelli (baixo). Depois, com o Fein, acompanha Raul em "Let me Sing, let me Sing" no Festival Internacional da Canção, em 1972, e em *Krig-ha, bandolo!* (1973), estreia solo do cantor.

Jay dá a primeira cara sonora de Raul, chegada a toques de soul e folk, pesada quando tinha que ser (no rockão "Al Capone", por exemplo). O músico chega a participar das gravações de "Gita" (1974), mas volta aos Estados Unidos para completar a graduação em cinema. Retorna apenas em "Há dez mil anos atrás" (1976), arranjando e compondo, e grava também o compacto *Sem seu amor / Disco pode ser cultura*, creditado a Gay Vaquer e ao grupo Os Fiéis. Em 1977, produz *Raul rock Seixas*, repleto de releituras para músicas de outros artistas. Nos anos 1990, lança compactos e álbuns – em um deles, recorda "Mosca na sopa", de Raul Seixas.

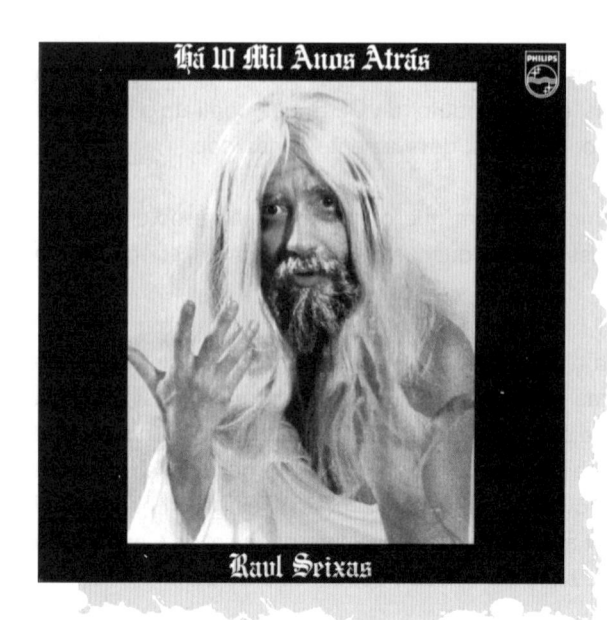

Raul Seixas

GRAVANDO: Philips, 1976
Há dez mil anos atrás

Novo aeon *(1975)* solidifica a imagem rebelde e messiânica de Raul Seixas e é tido por muitos como seu melhor disco. Mas não rende muito – é um de seus álbuns menos vendidos, apesar de músicas como "Rock do diabo" e o hino "Tente outra vez". Na época de seu lançamento, o cantor estava com Jay Vaquer nos Estados Unidos rodando o filme estradeiro O triângulo do diabo. Jay conta que Raul recebeu um telefonema para retornar rápido ao Brasil para divulgar o álbum. Volta e, já com Jay na banda, começa a elaborar Há dez mil anos atrás *seu retorno às paradas*.

Motivos não faltam para isso, como o tango mórbido "Canto para minha morte", a dylaniana "Eu também vou reclamar" (uma ácida crônica da época, citando/zoando artistas/sensação como Belchior, Silvio Brito e Hermes Aquino), a regravação hard de "As minas do rei Salomão" (cuja versão original está em Krig-ha, bandolo!) e o rockão da faixa-título, com nome chupado da obra de seu ídolo maior, Elvis Presley (sua música de 1972, "I Was Born Ten Thousand Years Ago"), além do lado black da tristonha "Quando você crescer".

É também o disco que traz um pouco conhecido lado gospel de Raul – em "Ave Maria da rua" e na desencantada "O homem" –

e a faceta orquestral de "Cantiga de ninar", equilibrados com a alegria de "O dia da saudade", herdada de "Back in the USSR", dos Beatles, e do country-rock "Meu amigo Pedro", no qual Raul aborda sua relação com o irmão sério e racional Plínio. Apesar da predominância da parceria Raul-Paulo Coelho, presente em dez das onze músicas, Jay se insere como compositor em "Quando você crescer" (com a dupla) e "O dia da saudade" (só com Raul).

John Flavin
A guitarra do Secos & Molhados

John Flavin de Almeida Prado
São Paulo, SP, 1953

INFLUÊNCIAS:
Jeff Beck, Jimmy Page, Jimi Hendrix, John McLaughlin, Santana

GUITARRAS:
Gibson Les Paul, Tagima

John Flavin quase entra para o Secos & Molhados não apenas como músico de apoio, mas como integrante oficial. Mas recusa:

"Aquela história de pintar a cara não me agradava muito!", descarta.

No entanto, suas guitarras marcam época e tornam os álbuns da fase clássica do grupo, lançados em 1973 e 1974, dois dos trabalhos mais importantes da música pop nativa. Filho de mãe inglesa e neto de irlandeses, o "guitarrista irlandês", como se torna conhecido, é, na verdade, paulistano. John cresce cercado de muita música em casa, incluindo clássicos e bossa nova. Em 1963, ganha um violão e passa a estudá-lo sozinho, a partir de um método escrito pelo célebre violonista Canhoto, que acha na casa de seu avô.

"Logo, eu já estava dando aula sobre aquilo que tinha aprendido! Eu adorava o Dorival Caymmi, tocava a 'Suíte dos pescadores'", gaba-se. "Mas eu queria ser como o [*folk hero* canadense] Gordon Lightfoot, que eu achava melhor que o Bob Dylan. Depois, queria ser um beatle, como qualquer músico de rock da minha geração. Comecei a trabalhar muito cedo, cantando e tocando sozinho em festas e recepções."

Nos anos 1960-70, Flavin participa dos grupos Onomatopeia ("que tinha formação flutuante, quem chegasse tocava") e The Glass Stones Game. Também atua como guitarrista em peças de teatro (como *A viagem*, de Ruth Escobar, e a montagem brasileira de *Jesus Cristo Superstar*, com direção de Altair Lima, ambas em 1972). A chance no Secos & Molhados chega em seguida.

"O João Ricardo [criador da banda] apareceu no teatro. Eu estava com a guitarra na mão e ele me pediu que tocasse algo. 'Tocar o quê?', perguntei. 'Qualquer coisa!', disse. Logo me convidaram para fazer shows e gravar o disco", relata.

O contato com Zé Rodrix, que toca teclado no álbum, o leva a colocar seu tom distorcido também em seu primeiro lançamento, "I acto" (1973). Outros trabalhos históricos aparecem no caminho: John Flavin entra para o grupo Humahuaca, no qual divide o palco com dois músicos da época do Secos & Molhados – Emilio Carrera (piano) e Willy Verdaguer (baixo) – e com eles participa de uma faixa com Elis Regina, chamada justamente "Humahuaca". Em 1977, novo convite de ouro: o baixista Coquinho o chama para uma audição com ninguém menos que Arnaldo Baptista, que monta a banda Patrulha do Espaço.

"O Arnaldo é um artista incomparável. Ele mostrou as músicas e logo estávamos ensaiando sem pretensões. Que tocasse rock sem cosméticos!", ressalta.

Elo perdido, disco de Arnaldo & A Patrulha, é gravado naquele ano, mas lançado só em 1988. Toca também com Raul Seixas ("entrei e saí da banda dele várias vezes, a gente vivia brigando!"), Sá & Guarabyra e Belchior. Hoje, dá aulas e dedica-se ao que chama de *musical coaching*:

"Ajudo as pessoas a se expressarem musicalmente usando guitarra elétrica e violão, e voz! É muito recompensador".

Secos & Molhados

GRAVANDO:
Secos & Molhados

Continental, 1973

O primeiro som que se ouve em O vira é o da guitarra de John Flavin. Ela abre a canção escrita por João Ricardo e Luli, e ajuda a levar o Secos & Molhados para a TV e o rádio, mostrando ao Brasil que há conexões entre a música portuguesa e o rock. O tom rock-blues-jazz de Flavin, com distorção e sentimento, prossegue no decorrer do seminal álbum da banda, um verdadeiro cometa pop – fadado à destruição rápida após várias brigas. "Assim assado" é uma cachoeira de riffs criada e comandada pelos músicos.

"Eu me lembro que "Primavera nos dentes" foi gravada em um único take, e nos divertimos muito nos diálogos musicais improvisados do tema", recorda Flavin. "A banda que gravou os discos do Secos & Molhados já tocava junto desde 1971. Eu era muito moleque, 19 para 20 anos, quando estourou e, para mim, era um sonho."

Juninho Afram
As cordas que vêm de Deus

José Afram Junior
São Paulo, SP, 1970

INFLUÊNCIAS:
David Gilmour, Yngwie Malmsteen, Eddie Van Halen, Steve Morse, Steve Vai, Oz Fox (Stryper)

GUITARRAS:
Tagima JA1, Tagima Arrow1 Juninho Afram Signature, Tagima T735

O sons de guitarra que são escutados nos discos do Oficina G3, uma das principais bandas de rock gospel do Brasil, têm raízes no rock progressivo do Pink Floyd. Quem conta é o titular das seis cordas no grupo, Juninho Afram.

"Aos 14 anos, ganhei minha primeira guitarra. Eu não ligava muito para ela até ouvir um solo do David Gilmour [guitarrista do Pink Floyd). Nesse dia, eu decidi que queria tocar", relata.

Passa então a ensaiar com amigos da escola.

"Sempre fazíamos umas *jams* na casa de um deles. Tocávamos *covers* de clássicos do rock, era só diversão", lembra. "Minha única banda pra valer antes do Oficina G3 foi a Estação Céu. Lá, já tínhamos músicas próprias e buscávamos uma identidade musical."

O alto preço dos instrumentos e do material didático faz com que Afram, logo que começa a se dedicar à guitarra, crie saídas muito particulares (e bem engraçadas) para driblar a falta de grana.

"Como eu queria reproduzir o som que eu ouvia dos grandes guitarristas e não tinha dinheiro para comprar os pedais, passei a montar meus próprios pedais baseado em projetos que eu garimpava em revistas e livros, com algumas modificações e adaptações que eu mesmo fazia.

Foi daí que nasceram o Chiadodrive, o Porcalizador e um amplificador que soava pior do que um rádio AM", brinca.

O Oficina G3 começa em 1987, quando Afram e mais dois amigos criam uma banda para tocar nas reuniões da congregação cristã que frequentam. Como já eram naquele momento duas bandas principais, "passamos a ser o terceiro grupo da igreja, que chamávamos de Grupo 3 e que, mais tarde, abreviaríamos para G3". Depois de duas décadas de história, o som do Oficina passa a ficar mais pesado. *Depois da guerra*, álbum de 2008, tem produção de Marcello Pompeu e Heros Trench, da veterana banda de heavy metal paulistana Korzus.

"Todos nós do Oficina G3 somos muito ecléticos musicalmente. E temos a tendência de criar músicas que nos desafiem, e eu considero isso muito bom. Nos força a estudar, ultrapassar limites", ele afirma e acrescenta que escuta "de metal a MPB".

Kiko
Guitarra para as multidões

Eurico Pereira da Silva Filho
Rio de Janeiro, RJ, 1952

INFLUÊNCIAS:
Jimi Hendrix, Eric Clapton, Santana,
Eddie Van Halen, Brian May, Larry Carlton,
Steve Lukather, Paul Gilbert, Steve Vai

GUITARRAS:
Music Man Luke, Strinberg,
Fender Telecaster, Gibson

Você gosta do som das guitarras dele. E mal deve ter se dado conta disso. Quem habita o planeta Terra nos últimos 30 anos não tem como ficar imune ao estilo preciso do guitarrista do Roupa Nova, de solos memoráveis em músicas como "Dona", "Linda demais", entre outras.

Kiko se inicia nas seis cordas aos 13 anos de idade, com uma guitarra emprestada de um amigo. Nos anos 1970, entra para o grupo Os Famks, que após mudanças na formação, reúne o sexteto que, em 1980, troca de nome para Roupa Nova. Do som funk-disco da banda anterior fica a vocação para garantir a alegria das plateias, combinada à mescla MPB-pop-rock, marca do RN até hoje.

"Em 1986, dei um salto legal. Fui a Nova York e me deparei com livros, fitas cassete, videoaulas, instrumentos e acessórios importantes para um guitarrista. Trouxe tudo que pude e, a partir daí, tive contato com estudos mais profundos do instrumento. Antes, eu só estudava tirando solos e fazendo escalas. Depois desse tempo que fiquei 'comendo' os livros, as fitas, os vídeos, meus improvisos e solos ficaram mais legais", avalia Kiko, em entrevista ao portal *Mundo Roupa Nova*. "Hoje está muito mais fácil para o jovem estudar. Temos boas escolas, ótimos professores e a tecnologia toda a nosso alcance, graças a Deus", celebra.

Além da guitarra, Kiko também canta bastante no grupo e compõe muito, sozinho ou em parcerias, músicas como "Românticos demais", "Latinos", "A cor do dinheiro" e "A lenda". Nos lançamentos recentes, se dedica mais ao violão, destaque aos acústicos do Roupa Nova.

Kiko Loureiro
Metal e o que mais vier

Pedro Henrique Loureiro
Rio de Janeiro, RJ, 1972

INFLUÊNCIAS:
Jeff Beck, Jimmy Page, Scott Henderson, Pat Metheny, Eddie Van Halen, Brian May

GUITARRA:
Ibanez Kiko Signature Model

Desde cedo, o futuro guitarrista do Angra já é um cara atento. Ouve de tudo, curte desde bandas de heavy metal e hard rock até multimúsicos como Hermeto Pascoal e violonistas de flamenco como Paco de Lucia. A biblioteca do colégio onde estuda ainda adolescente disponibiliza, além de livros, um belo catálogo de vinis (os velhos LPs) para empréstimo. Ali, Kiko Loureiro cai dentro das discografias de Led Zeppelin, Queen, Scorpions, Iron Maiden e outros grupos que acabam por inspirar sua guitarra com toques de jazz e progressivo. Logo, parte também para outros instrumentos, como o piano.

"Não ouço nada que me envergonhe. Gosto de Cartola a Metallica", diz. "Sempre fui muito curioso também sobre os grandes nomes da música instrumental brasileira: Hermeto, Egberto Gismonti, grandes violonistas como Rafael Rabello e Ulisses Rocha. Música instrumental sempre me falou tão alto quanto um Black Sabbath ou um Iron Maiden."

Conhece o parceiro das seis cordas Rafael Bittencourt e outros futuros integrantes do Angra tocando em bandas de metal com amigos. A música fala mais alto e ele perde as provas da faculdade de biologia. E não demora a abandonar completamente o curso para se dedicar integralmente à música:

"A essa altura, o Angra já tinha uma história mais sólida, já estava gravando na Alemanha e uma carreira já era algo mais palpável, parecia uma coisa segura. Eu já estava dando aula, já tinha tocado com outras bandas como músico contratado...".

Os primeiros trabalhos ("No começo da carreira, toquei até com o Dominó", entrega) são nos grupos Legalize e A Chave. Em 1993, Kiko Loureiro grava seu primeiro álbum com o recém-formado Angra, *Angels Cry*. Um ano antes, lança o VHS *Estilos, escalas e licks*, uma videoaula sua. O Angra vai somando discos e mais discos, e Kiko Loureiro também inicia sua carreira solo, a partir de 2004, com o disco *No Gravity*. Mergulhos rítmicos se tornam uma constante em seu trabalho, já que o segundo CD, *Universo inverso* (2006), tem misturas com jazz.

"O lance é ter a cabeça aberta, ouvir de tudo", recomenda. "E estudar todos os dias, criar um hábito que, quando você dá conta, não consegue mais passar um dia sem tocar. E aí, o melhor momento do dia para você será o momento em que você vai se dedicar a tocar seu instrumento. O guitarrista iniciante tem que almejar criar essa força do hábito. Ninguém atinge um grau de excelência sem se dedicar muito ao longo dos anos."

Lucio Maia
O herói do mangue

Lucio José Maia de Oliveira
Recife, PE, 1971

INFLUÊNCIAS:
Robertinho de Recife, Baden Powell, Jimi Hendrix, Wes Montgomery, Pete Townshend, Vini Reilly, Dave Murray, Richard Lloyd, Johnny Ramone, Mark Ribot

GUITARRAS:
Giannini, Fender Telecaster, Fender Stratocaster, Fender Jazzmaster, Gibson SG, Gibson Les Paul, Gibson Flying V, Gibson Melody Maker, Hofner, N.Zaganin, Schecter

Robertinho de Recife e Paulo Rafael pegam na guitarra no Recife dos anos 1970. Mas a atitude desses heróis não consegue ter força suficiente para mudar o cenário roqueiro da capital pernambucana ou fazer com que, nos anos 1980-90, role por lá um polo guitarrístico. Quem atesta é o guitarrista da Nação Zumbi, Lucio Maia.

"Na minha adolescência, nos anos 80, havia apenas duas lojas de instrumentos em toda a cidade. Não havia importados. Só produto nacional e de má qualidade. Às vezes não tinha corda de guitarra para vender. Era difícil. Aulas, apenas de violão", reclama. "Ou seja, precisava querer muito para ser guitarrista naqueles tempos no Recife. Paulinho Rafael e Robertinho sempre foram as maiores referências para todos da minha geração. Mas quando chegaram os anos 90 havia o metal e o hip hop, e tudo estava diferente."

Lucio Maia se lembra de ter se apaixonado pela guitarra aos 14 anos de idade. Torna-se logo vidrado em Jimi Hendrix ("O maior para mim, recomendo o LP *Are You Experienced* sempre"). Após o contato com Chico Science mais guitarras cruzam seu caminho.

"Quando assinamos com a Sony em 93, meu primeiro adiantamento foi inteiro em uma Fender Telecaster amarela, que me custou US$ 350, fora a importação e quase dois agonizantes meses de espera. Usei-a nos dois primeiros discos, principalmente no *Da lama ao caos*", detalha, lembrando que o amigo Chico não chega a ser um fanático por guitarras. "Ele comprou uma Golden antes de morrer, mas o que gostava mesmo era de adquirir discos."

Chico Science & Nação Zumbi

GRAVANDO: Chaos/Sony, 1996
Afrociberdelia

Na estreia em Da lama ao caos *(1994), Chico Science & Nação Zumbi penam para comprimir os sons de seus tambores em estúdio e não conseguem uma sonoridade tão forte quanto a de seus shows. O problema é solucionado em* Afrociberdelia, *o segundo disco. Em vez do experiente Liminha (que assina a* produção do debute), vai para o comando o novato Eduardo Bid, amigo de Chico e tido como mais antenado com as ideias da turma. Não é um trabalho tranquilo. Testemunhas recordam que a Sony não aceita Bid de cara e impõe que o álbum seja gravado no estúdio de Liminha, o Nas Nuvens. Crises dentro do grupo também afloram.

A tensão faz com que a banda descarregue tudo nos instrumentos, em faixas memoráveis como "Corpo de lama", "Samba de lado", "Maracatu atômico" (de Jorge Mautner e Nelson Jacobina) e "Manguetown" (com um sample de "Loose", dos Stooges, potencializando o peso). Conquista o Disco de Ouro e torna-se um dos melhores trabalhos do rock nacional dos anos 1990. É o último álbum gravado com Chico, morto em um acidente de automóvel em 1997.

Luis Vagner
"Guitar hero", não! Guitarreiro!

Luis Vagner Dutra Lopes
Bagé, RS, 1948

INFLUÊNCIAS:
Bola Sete, Chuck Berry, Mão de Vaca, Nilton Baraldo, Olmir Stocker, Gato, Aladdin

GUITARRA:
Fender Stratocaster

"Sou da falange, mas sou da falange da 'negadinha'. É, da negada, quando os Beatles influenciavam o lado da música negra brasileira."

Em papo com o portal *Gafieiras*, o guitarrista Luis Vagner localiza o som que dá origem ao samba-rock, uma espécie de lado *black* da Jovem Guarda e dos primeiros conjuntos brasileiros de guitarras dos anos 1960.

Encanta-se com a música em sua cidade natal, Bagé (RS), ao ver um homem tocar bandoneon (espécie de sanfona usada no tango). Seu pai toca em uma orquestra, a Copacabana Serenaders, e acostuma o filho ao jazz e ao chorinho. Depois, vem o rock, por intermédio do filme *O balanço das horas*, no fim dos anos 1950.

"Fiquei doidão com o Little Richard, o Chuck Berry e o Bill Haley... solo de guitarra! [vocaliza o solo] Fiquei doidão! Sou dessa tribo aí! Eu sou dessa tribo aí!", entusiasma-se o fã de primeira hora de guitarristas da nossa surf music, como Gato (The Jet Black's) e Aladdin (The Jordans).

Luis Vagner então monta o grupo Os Brasas e compõe sucessos com o colega de banda Tom Gomes, como "Silvia 20 horas domingo", gravada por Ronnie Von. Junte-se a isso o samba sulista, tocado em compasso diferente, e você tem o som que vigora em *Luis Vagner* (1976, da autobiográfica "Guitarreiro" e do balanço "Tesourão") e *Fusão das raças* (1978, de "Roqueira", "Guria" e "Como?"), entre outros títulos de sua discografia. O herdeiro de nomes como Jorge Ben Jor (de quem se torna baixista nos anos 80 e ganha a canção-homenagem "Luis Vagner guitarreiro") e Jackson do Pandeiro só não assume a paternidade do samba-rock.

"O nome foi dado pelas pessoas da periferia de São Paulo e vem da música "Chiclete com banana", do Gordurinha, gravada por Jackson do Pandeiro. Essa é a real", enfatiza.

Luis Vagner

GRAVANDO: Copacabana, 1976
Luis Vagner

Após Os Brasas e antes de gravar seu melhor disco, *Luis Vagner* deixa registros em um LP e compactos na gravadora Continental, tem uma canção mortalmente triste gravada por Wilson Simonal ("Moro no fim da rua") e enche as rádios com a alegria de "Camisa 10" (samba-gozação com o escrete de 1974, gravado por Luiz Américo). É no álbum *Luis Vagner* que o "guitarreiro" surge de verdade, seguindo uma inovadora receita de samba psicodélico, repleto de solos sinuosos, em músicas como "Guitarreiro", "Tesourão", "Lá no Partenon" (lembrando o começo de carreira de Luis e citando nominalmente o maestro Peruzzi, da Orquestra Jovem, que lhe deu apoio) e "Sufoco". O guitarrista deixa ainda vários outros registros depois desse disco, incluindo um longo namoro com o reggae que lhe rende importantes lançamentos e conquista muitos fãs.

Marcelo Sussekind
Guitarra venenosa

Marcelo Bueno Sussekind
Rio de Janeiro, RJ, 1953

INFLUÊNCIAS:
Lulu Santos, Wander Taffo, Pepeu Gomes, George Harrison, Eric Clapton, Santana, David Gilmour, Jeff Beck, Eddie Van Halen, Ritchie Blackmore

GUITARRAS:
Kramer, Gibson, Fender Stratocaster

Ele também é baixista e até hoje dá seus toques nas quatro cordas. É como guitarrista, no entanto, que Marcelo Sussekind se notabiliza. Seus solos em músicas de sua ex-banda Herva Doce são clássicos.

"Nos anos 70, tive a sorte divina de ser chamado para tocar em um show que tinha na plateia produtores das gravadoras EMI e CBS [Sony hoje]. Me chamaram para conversar nas duas gravadoras e, a partir daí, não parei mais de gravar", comemora.

Sussekind estreia como rato de estúdio em *Soy latino americano*, álbum de Zé Rodrix (1977).

"Os guitarristas da época tocavam muito bem, mas eram mais tradicionalistas. E já estavam começando a vir mais informações de fora, havia a necessidade de um som mais pesado de guitarra. Daí sobrava para mim. Comecei a brincar com isso, a tirar solos", explica.

Ele também toca em discos dos cantores/compositores Paulo Diniz e Taiguara.

"E em discos que eram coletâneas de regravações de hits internacionais. O cara botava uma banda dentro do estúdio, dois cantores e gravava em doze horas. Era rápido. Fiz muitos discos desses", relata.

O Herva surge em 1982 a partir do reencontro com o amigo Renato Ladeira (voz, teclados), com quem tocara antes na banda A Bolha.

"Gravamos parte do primeiro disco no estúdio Tok, em Botafogo, com uma bateria eletrônica. Fomos comer alguma coisa e encontramos o [radialista] Fernando Mansur, que levou o disco para a Rádio Cidade, sem nem termos contrato assinado com gravadora. A EMI se interessou e regravamos com Sergio Della Monica na bateria. Gravamos também 'Erva venenosa', que tinha sido sucesso com os Golden Boys e estourou", destaca, sobre a versão para o clássico "Poison Ivy", da célebre dupla de compositores Leiber-Stoller, popularizada nos anos 1950 pelo grupo The Coasters.

Sussekind mantém hoje o estúdio Casa do Mato e tem em seu currículo a produção de álbuns de Ana Carolina, Jota Quest, Vander Lee, Capital Inicial, entre vários outros nomes.

Mario Neto
Progressivo que acertou no alvo

Mario Moreira Padrão Neto
Rio de Janeiro, RJ, 1960

INFLUÊNCIAS:
Andrés Segovia, Jan Akkerman, John McLaughlin

GUITARRAS:
Gibsons Les Paul, Gibson 335, Gibson 175, Gibson 1275, Fender Stratocaster

Clássicos e rock progressivo. A receita faz parte da vida do guitarrista, tecladista e compositor Mario Neto desde a infância. Aos seis anos de idade, já se aventura no piano e no violão erudito.

"Aos dez anos, ganhei de Natal uma guitarra elétrica. Fiquei surpreso e emocionado: toquei sem parar, até as pontas dos dedos ameaçarem sangrar", jura ele.

Na adolescência, conversa com amigos do colégio sobre bandas como Pink Floyd e Genesis e estuda músicas de Villa-Lobos em casa. Chega a se apresentar no programa *Rock Concert*, da Rede Globo, tocando "Prelúdio nº 1". A receita define a sonoridade de sua futura banda, Bacamarte. Influenciada tardiamente pelo progressivo britânico dos anos 1970, grava o disco *Depois do fim* em 1979, mas só é editado em 1982. Somente a partir daí o grupo liderado por Mario Neto – com participação da cantora Jane Duboc – se anima a fazer apresentações ao vivo. O progressivo caboclo dribla os dilemas da produção independente com talento e arte.

"Durante a gravação, que durou 19 horas, a gente se revezava em vários instrumentos. Eu toquei guitarra, violão e teclados em uma faixa. E tinha que largar um instrumento, caminhar sem fazer barulho até o outro e continuar", descreve.

Nem mesmo os urros de um elefante – o estúdio ficava na Praça 11, região carioca que abrigava circos nos anos 1970-80 – atrapalhavam as sessões.

Mario não é apenas músico. Formou-se em engenharia civil e passa a dividir seu tempo entre os cálculos e os instrumentos musicais.

"Dos 14 aos 20 anos, eu estudava cerca de oito horas por dia, divididas entre técnica e repertório. Depois, vieram a faculdade, o estágio, o trabalho, o casamento, os filhos", enumera.

Com o tempo, Mario Neto segue mantendo o Bacamarte como um projeto pessoal: lança mais um CD do grupo em 1999, *Sete cidades*, faz apresentações esporádicas e reedita *Depois do fim* em CD, pela Som Livre, em 2009.

Para tirar um som igual ao que se ouve no disco do Bacamarte, agende uma ida à manicure: Mario não usa palheta e toca usando as unhas.

"Em dia de show, preciso tomar cuidado para não quebrar nenhuma!", diverte-se.

Mimi Lessa
Se Liverpool fosse no Sul do Brasil...

Milton Lessa
Porto Alegre, RS, 1956

INFLUÊNCIAS:
Wes Montgomery, B.B. King, Eric Clapton, Jimi Hendrix, Duane Allman, Scott Henderson

GUITARRAS:
Fender Stratocaster ("E uma Gibson Les Paul no disco do Bixo da Seda")

Só por sua passagem pela banda Liverpool, nos anos 1960, o lugar de Mimi Lessa já está garantido na história da guitarra brasileira. O grupo grava o álbum *Por favor sucesso* (1969), clássico perdido do tropicalismo e do rock psicodélico brasuca, e também o EP com a trilha do filme *Marcelo Zona Sul* (1970), de Xavier de Oliveira. O guitarrista relata que o Sul do Brasil já tem bandas importantes antes deles.

"Eram Os Brasas, Os Cleans, Som 4. O Liverpool tinha composições próprias e um compromisso de ser brasileiro", conta.

A banda se muda para o Rio de Janeiro, passa a trabalhar com outros artistas e logo vem o segundo grande conjunto de Mimi, já nos anos 1970: o progressivo Bixo da Seda, cujo único álbum sai em 1976. Logo, migram para o disco-rock, tornando-se o conjunto de apoio das Frenéticas, grupo de cantoras-atrizes lançado pelo produtor e jornalista Nelson Motta.

"Nessa época, o rock estava tão por baixo no Brasil que não existia roqueiro empedernido", justifica.

Fixo em definitivo na capital carioca, onde mora até hoje, Mimi Lessa grava canções solo e sonha em voltar com outro querido projeto seu: a Orquestra de Guitarras, que surge após o período com as Frenéticas.

"Tenho todas as partituras, toda a concepção. Eu precisava colocar o projeto em algum edital para viabilizar. Para montar precisaria de investimento. No lado artístico, a Orquestra é só orgulho e prazer!"

Mozart Mello
A guitarra do nosso Gentle Giant

Mozart Martins de Mello Filho
São Paulo, SP, 1953

INFLÊNCIAS:
Eric Clapton ("mas o dos anos 60"), Jimi Hendrix, Jeff Beck, Jimmy Page, Ritchie Blackmore, John McLaughlin, Joe Pass, Steve Morse

GUITARRA:
Tagima

Coordenador didático do Instituto de Guitarra & Tecnologia, a escola fundada pelo lendário guitarrista e seu amigo de infância Wander Taffo, Mozart Mello se inicia na música em 1967, no programa *Mini-Guarda*, da Rede Bandeirantes, com o grupo Os Selvagens.

"Meu avós, que não conheci, eram músicos de coreto. Meu pai sempre tocou algum instrumento. Minha mãe tocava harmônica, minha irmã tocava muito bem violão. Tocar fazia parte da rotina da minha casa", conta ele. "Nos anos 60, ali pela região da Pompeia, do Sumaré, que eu frequentava, você via uma banda ensaiando a cada esquina. Na época do *Mini-Guarda*, assistíamos ao ensaio do *Quadrado e Redondo* [programa musical da Bandeirantes] e os Mutantes tocavam lá. Era mais divertido ver o ensaio do que tocar."

Nos anos 1970, atende ao chamado do rock progressivo e passa a tocar com o grupo Terreno Baldio, que lança os discos *Terreno Baldio* (1975) e *Além das lendas brasileiras* (1977). O grupo é considerado por muitos o Gentle Giant (banda britânica de som *prog*) brasileiro.

"Sou fã até hoje do Gentle Giant, mas a barra lá era muito pesada. Até hoje não acredito que alguém toque daquela forma. Nós éramos estudantes, sonhávamos em ter uma banda e eles eram caras que se trancavam 24 horas por dia para tocar. Mas vá lá, somos os irmãos pobres deles", brinca.

Mozart acumula também participações em grupos como Joelho de Porco e D'Alma (com André Geraissati e Ulisses Rocha), além de acompanhar Silvinha Araújo, Fábio Jr., Dom Beto, Nico Assumpção, entre outros. Hoje, faz gravações e shows com amigos, dá muitas aulas e viaja o Brasil como professor. Mesmo dedicado a ensinar as técnicas da guitarra, não deixa de valorizar a intuição.

"Tem muita gente que não lê uma nota de música e toca muito bem. Mas ter aulas pode ajudar a encurtar o caminho", pondera. "E tem muito garoto roqueiro-virtuoso que precisa abrir a cabeça, ouvir outras coisas. Às vezes, o cara toca muito, mas o som dele é igual ao de milhares de pessoas. De vez em quando, preciso até ser um pouco cruel e falar isso."

Natan Marques
Graduado pela escola de Elis Regina

Natanael Marques
São Paulo, SP, 1947

INFLUÊNCIAS:
Sérgio Dias, Hélio Delmiro, Heraldo do Monte, Joe Pass, John McLaughlin, Lee Ritenour, George Benson, Pat Metheny

GUITARRAS:
Giannini, Hofner Acústica, Fender Stratocaster, Gibson Les Paul Custom, Ibanez, Tagima, Aria Pro II, Gibson ES-355 "e a minha preferida, feita para mim pelo *luthier* Reinaldo Campos, que eu chamo de Funny"

Natanael Marques, ou simplesmente Natan, considera-se um "baileiro", formado pela escola sagrada de todo grande músico: a noite. Integra projetos como a Banda Jovem do Maestro Peruzzi ou o grupo Cardeais, viaja com uma companhia de teatro de revista pelo Nordeste do país e, em 1974, toca em boates de São Paulo. Acompanha a cantora Dalva de Oliveira e estuda com o baixista Luiz Chaves, do Zimbo Trio. Pois é o músico quem coloca Natan em contato com Elis Regina, com quem passou a tocar.

"Tocar com Elis foi uma grande sorte, como se fosse um jogador convocado para a Seleção Brasileira. Sorte minha eu estar no lugar certo e na hora certa, e ter um cara chamado Luiz Chaves, que acreditou em mim e me indicou para ela", lembra com carinho.

Natan faz músicas que são gravadas por nomes como Elis Regina: "Sai dessa", com letra de Ana Terra, aparece no LP *Elis* (1980), último de estúdio de Elis e se torna uma de suas canções mais populares; e também pela filha da cantora, Maria Rita. Durante a carreira, toca ainda com Djavan, Ivan Lins, Rita Lee, Ney Matogrosso, Chico Buarque e Milton Nascimento. Só "gente graúda". Estreia solo em disco no ano de 1987, com *Comboio*, em parceria com o tecladista Ricardo Leão. A dupla lança ainda *Dois* (1989).

Em entrevista ao portal *Músicos do Brasil*, Natan Marques define assim sua relação com a improvisação:

"Meu jeito de improvisar é o seguinte: tenho minha casa, o acorde, com sete árvores frutíferas, as sete notas musicais. Cada casa vizinha também tem suas sete árvores diferentes das minhas e das dos outros vizinhos. Então, para não ficar somente nas minhas frutas, que são as notas, roubo as frutas de meus vizinhos e volto rapidamente para as minhas, antes que seja apanhado. É isso!", resume.

Outra vertente de seu talento vai parar na publicidade e, desde 1975, Natan desenvolve trabalhos na área.

Elis Regina

GRAVANDO: Phonogram, 1976
Falso brilhante

A direção do show homônimo que gera um dos mais – muitos dizem "o mais" – clássico álbum de Elis Regina é de César Camargo Mariano. Natan Marques, guitarra em punho, acompanha tudo: milhares de apresentações, sucesso total e garantia no panteão da história. A temporada "bomba" tanto, que Elis é solicitada a gravar parte do repertório para lançar um LP de estúdio. O período em cartaz se traduz em grande crescimento musical para Natan Marques.

"Foram os melhores anos de música na minha vida. Fora a música, a amizade e o companheirismo foram muito importantes, sempre lado a lado como irmãos e eu só tenho a agradecer muito pela oportunidade de ter tocado com a melhor: Elis Regina", derrete-se.

Paulo Rafael
Cores pernambucanas
na guitarra nativa

Paulo Ramiro Rafael Pereira
Caruaru, PE, 1955

INFLUÊNCIAS:
Pepeu Gomes, Robertinho de Recife, Robert Fripp ("Meu ídolo"), Jimmy Page ("Só fui amar Jimi Hendrix muito tempo depois")

GUITARRAS:
Gibson Les Paul, Fender Stratocaster

MPB, sim, mas sem abrir mão do peso, de bons riffs e de grandes referências de rock. Alceu Valença carrega consigo há quatro décadas para tudo quanto é show um dos maiores guitarristas do Brasil: Paulo Rafael. Sua carreira começa aos 15 anos de idade, ainda desplugado.

"Minha irmã comprou um violão e quis aprender a tocar. Era começo do iê-iê-iê", lembra. "Fui tirar músicas e montei uma banda na escola. Na época, não se usava o termo 'banda de garagem', mas era exatamente isso que nós éramos."

Paulo trava contato com uma turma que inclui os músicos Zé da Flauta (sopros) e Ivinho (guitarra e violão), compositores como Lula Côrtes, e monta uma banda chamada Phetus. Daí, parte para o histórico Ave Sangria, com Marco Polo (vocais), Ivinho (guitarra e violão), Almir (baixo), Israel Semente Proibida (bateria) e Juliano (percussão). Gravam um disco pela Continental em 1973. Na banda, Paulo Rafael se divide entre guitarra e baixo.

"A gente acabou ficando sem respaldo financeiro, não rolou apoio da gravadora. Eu ainda morava com meus pais, mas o resto da banda dependia da grana", relata.

Em 1975, toca com Alceu Valença no Festival Abertura, da Globo, no qual defende "Vou danado pra Catende" e participa também de seu clássico disco *Vivo* (1976). Até então, como baixista. Em *Espelho cristalino* (1978), quarto disco de Alceu, assume as seis cordas e parte da produção.

"A música do Alceu tem que ter uma cor forte. Preciso pegar o que ele quer e traduzir para a guitarra e para os outros instrumentos", explica.

O guitarrista destaca o álbum *Mágico* (1984) como um de seus grandes trabalhos.

"Tem uma pegada mais rock e sintetiza essa coisa da guitarra com o fraseado nordestino. Mas meu melhor momento é agora!", manda.

Paulo Rafael lança títulos solo (ou em dupla com o amigo Zé da Flauta) e participa de inúmeras outras gravações, com Marina Lima, Lobão, Gal Costa, Kleiton & Kledir, vários nomes. Um recado para os guitarristas?

"Hoje, como é tão fácil aprender qualquer coisa, o principal é que o músico desenvolva sua personalidade. Ele tem que achar seu caminho, seu timbre, seu fraseado", recomenda.

Pedro Lima
Mais que apenas um passo à frente no rock

Pedro de Mendonça Lima
Rio de Janeiro, RJ, 1950

INFLUÊNCIAS:
Keith Richards, Eric Clapton, Alvin Lee, Jimmy Page, Jimi Hendrix, Ritchie Blackmore

GUITARRAS:
Gibson Les Paul, Gibson 335, Gibson SG, Fender Stratocaster

Para um guitarrista roqueiro de 19 anos de idade que já tem o seu conjunto e ataca na noite carioca, estar na Inglaterra e ver ao vivo o ídolo do instrumento, Jimi Hendrix, é algo a se registrar. Mesmo que o show não seja lá essas coisas.

"Assisti ao festival da Ilha de Wight, em 1970, tenho lembranças extremamente vivas até hoje. Hendrix estava lá, mas estava meio mal psicologicamente, meio entristecido. Vi o show dele inteiro, tinha a galera brasileira exilada lá, a Gal, o Gil e o Caetano", recorda Pedro Lima.

Na época, ele acompanha Gal Costa junto de outros músicos do grupo The Bubbles, sensação do rock que já desponta em palcos no Rio e viraria A Bolha: Arnaldo Brandão (baixista, que toca depois com Raul Seixas, Gilberto Gil e Caetano Veloso, e nos anos 80 funda o Hanoi Hanoi) e Gustavo Schroeter (bateria, depois A Cor do Som). Completa a formação o tecladista Renato Ladeira, futuro Herva Doce. Lançaram o disco *Um passo à frente*, em 1973, com tintas progressivas. O álbum seguinte, *É só curtir*, é proibido na ocasião de sua gravação por conta de supostas letras subversivas. Finalmente registram o álbum em 2007, na volta da banda com a formação clássica.

"Ficou uma porrada de música guardada porque não permitiram o lançamento. Nesse tempo, só de usar a palavra 'curtir', a censura já encrencava", reclama Pedro. "Mas a gente não tinha nada a ver com comunismo. Nós apenas gostávamos de tocar rock and roll. Anos depois, quando ficou liberado, resolvemos gravar como deveria ter sido e lançar", explica.

A Bolha

GRAVANDO: Continental, 1973
Um passo à frente

"O disco brabo mesmo de A Bolha chama-se Um passo à frente", decreta Pedro Lima. "Era um disco de rock progressivo que não tinha nada a ver com a música brasileira."
Nem tanto: a estreia do grupo A Bolha, com seu som de demo bem gravada, traz referências que remetem tanto aos progressivos internacionais quanto ao som do Clube da Esquina, só que sob uma óptica mais underground. No repertório, muitas composições de Pedro Lima, variando entre o hard rock e o som viajante dos anos 1970, como "Razão de existir", "Bye my Friend", "A esfera" e "Um passo à frente". No encarte, fotos do grupo feitas em estúdio dão a impressão de uma filial brasuca do Black Sabbath, com hexagramas e capas pretas. Não por acaso: o grupo britânico está no repertório inicial de covers da banda, quando começam atacando nos bailes da periferia do Rio, junto de petardos de Rolling Stones e outros ícones dos anos 1960-70.
Depois, A Bolha lança ainda o disco É proibido fumar, em 1977, mas com uma temática bem mais pop e apresentando novos integrantes ao lado de Pedro: Roberto Lly (baixo), Marcelo Sussekind (guitarra) e Sergio Herval (bateria, depois Roupa Nova).

"Esse disco é mais fraco. Nem tem muito a ver com A Bolha", descarta o guitarrista.

Perinho Albuquerque
No estaleiro, com a guitarra

Péricles de Albuquerque
Salvador, BA, 1946

INFLUÊNCIAS:
Baden Powell, Kenny Burrel

GUITARRAS:
Jacobacci (francesa), Gibson 345

Arranjador, produtor musical, Perinho Albuquerque chama para si importantes responsabilidades, além de apenas tocar sua guitarra, o que já não seria pouco. É só pegar as contracapas de célebres discos de Caetano Veloso (*Araçá azul*, 1972), Maria Bethânia (*Drama*, 1972), Gal Costa (*Cantar*, 1973), Gilberto Gil (*Refazenda*, 1975), Chico Buarque (*Meus caros amigos*, 1976), entre muitos outros títulos desses mesmos e de vários outros nomes da música brasileira, que está lá seu nome assinando as funções.

"Nunca estudei música. O primeiro instrumento que aprendi foi o acordeão. Meu irmão Moacyr começou a aprender violão e com o instrumento ali em casa não custou nada e logo eu comecei a tocar violão também", conta à revista *Música*, em abril de 1978, no auge da carreira.

Autodidata, o começo na carreira é bem cedo, com 16 anos de idade, tocando em bailes:

"Foi onde aprendi a fazer arranjos. Eu transava coisas, escrevia, experimentava. No começo, era um negócio bem rudimentar, que foi se aprimorando com o tempo. Curto música como um todo, por isso faço arranjo. Eu toco um pouco de baixo, bateria, uns negocinhos, mas não tem essa de virtuosismo, nem mesmo com a guitarra".

É quando o irmão Moacyr volta de Londres com Caetano Veloso, que os trabalhos começam a rolar a sério.

"Caetano queria fazer um trabalho comigo. Falou 15 dias antes de começarem as gravações de *Drama* [disco de Bethânia, que Caetano assina a produção]. Peguei um livro de arranjos que tinha umas sinfonias e comecei a me interessar", recorda.

Hoje, se dedica com os filhos à arquitetura naval e tem seu próprio estaleiro, na Bahia.

Caetano Veloso

GRAVANDO: Philips, 1975
Joia

São tantos álbuns clássicos em sua biografia que é difícil listar um. Vamos dar dois, então: Joia e Qualquer coisa, lançamento duplo de Caetano Veloso em 1975, com a assinatura de Perinho Albuquerque na produção, nos arranjos, guitarra e violão.

Em Joia, *mais experimental, o músico estreia também como compositor, junto de Caetano, em "Guá". Nesta, ele mostra ainda mais toda a sua versatilidade em um arranjo de sobreposições de camadas de kissange, ou kalimba, instrumento musical típico de Angola.*

Caetano Veloso

GRAVANDO: Philips, 1975

Qualquer coisa

Perinho Santana

Péricles Bastos de Santana
Salvador, BA, 1949 / Rio de Janeiro, RJ, 2012

INFLUÊNCIAS:
Hélio Delmiro, Django Reinhardt, Wes Montgomery

GUITARRAS:
Fender Stratocaster, Gibson Les Paul "e uma guitarra eletroacústica, se não me engano era Gibson", rememora o amigo e também guitarrista Renato Piau

Tim Maia, Raul Seixas, Caetano Veloso, Marisa Monte, Luiz Melodia, Gilberto Gil. Esses são alguns nomes para quem Perinho Santana coloca à disposição a sua sonoridade pessoal, elegante e com aquele decisivo frescor baiano. Dividido entre a guitarra e o violão, dá passos decisivos na inclusão do instrumento eletrificado na música brasileira. E protagoniza momentos únicos: participa da excursão do grupo Doces Bárbaros (Caetano Veloso, Gilberto Gil, Gal Costa e Maria Bethânia), gravando o álbum ao vivo de mesmo nome, em 1976; lá está ele também no show-conjunto *Refestança*, de Rita Lee e Gilberto Gil (1977); álbuns clássicos de Caetano Veloso, como *Bicho* (1977) e *Cinema transcendental* (1979) têm sua participação, bem como o segundo disco de Marisa Monte, *Mais* (1991); e sua guitarra está ainda em um disco da Cor do Som, *O som da cor* (1985), gravado em uma época em que o grupo fica sem os titulares Victor Biglione e Armandinho.

Discreto e elegante, tanto musicalmente quanto pessoalmente, é como amigos o classificam. Nos últimos tempos, Perinho dedicava-se à banda do "Síndico", formada por músicos da antiga banda de Tim Maia. Descobre ter leucemia e morre em 2012, vítima de parada cardíaca.

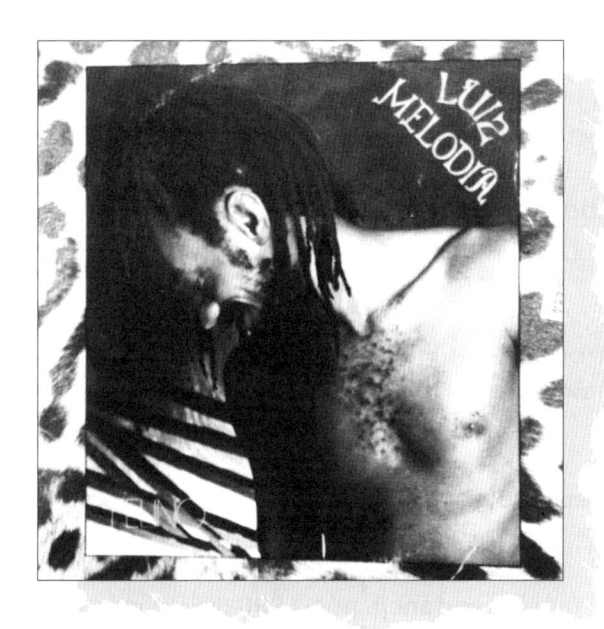

Luiz Melodia

GRAVANDO: Barclay, 1983
Felino

Perinho Santana forma uma bela parceria com o amigo Luiz Melodia. Desde o segundo disco, o ótimo Maravilhas contemporâneas *(1976)*, ele está lá, assinando de tudo um pouco, nunca se limitando às seis cordas da guitarra. Em Felino, crava seu nome também nos arranjos e regências, além de dividir com Melodia a autoria de um dos pontos altos do álbum, a música "Só".

"O Perinho Santana me acompanhou, ou melhor, nós nos acompanhamos durante muitos anos como parceiros, ele como meu músico, com muita honra para mim, também meu arranjador em vários shows e discos", celebra, emocionado, Luiz Melodia. "Ele não deixava nada mais ou menos. Era tudo para mais, qualidade, dedicação, talento e muito estudo diário. Ele era de fato um operário da música. Essa é a marca que fez a diferença nesse grande músico e saudoso amigo."

Piska
Roqueiro e também sertanejo, sem preconceito

Carlos Roberto Piazzoli
São Paulo, SP, 1951 / São Paulo, SP, 2011

INFLUÊNCIAS:
David Gilmour, Steve Hackett, Richie Blackmore

GUITARRA:
Fender Stratocaster

O crescimento da música sertaneja pós-1990 deve muito, quem diria, a uma certa banda brasileira de rock dos anos 1970. O Casa das Máquinas exibe para os roqueiros da época o talento de um músico chamado Carlos Roberto Piazzoli, conhecido como Piska, responsável pela guitarra em canções estridentes como "Casa de rock", "Lar de maravilhas" e "Vou morar no ar", entre outras.

Piska não se contenta com os limites do rock. Busca, então, outros estilos que não são necessariamente unanimidades entre roqueiros. Em 1976, já trabalhando como compositor e músico de estúdio, lança seu único álbum solo, *Livre de coração aberto* (da música "Um amigo meu está ficando cego"). Inicia parcerias duradouras com colegas como Claudio Rabello (é deles a famosa "Sonho de Ícaro", eternizada por Biafra) e César Augusto. Este, produtor de música sertaneja que o leva ao posto de arranjador da dupla Leandro & Leonardo. Sucessos como "Um sonhador", cantado por estes, e "Pare!", por Zezé Di Camargo & Luciano, vêm de Piska e Augusto. Entre uma empreitada popularíssima e outra, o guitarrista também atua nas bandas de nomes como Gal Costa e Ney Matogrosso. Morre em 2011 de falência múltipla dos órgãos, vinda de problemas hepáticos que o acompanham durante dois anos.

"Formamos uma dupla muito poderosa, juntamos a força de duas pessoas muito criativas, ele era fora de série", recorda César Augusto, em entrevista ao blog *Universo Sertanejo*. "Foi algo muito benéfico para nós dois e fortaleceu muito a música popular sertaneja. A guitarra dele ninguém conseguia tirar. Era inconfundível e marcou uma época. Ele era gênio, eu sempre disse isso", elogia o produtor.

Rafael Bittencourt
Devoto de Van Halen

Rafael de Paula Souza Neto
São Paulo, SP, 1971

INFLUÊNCIAS:
David Gilmour, Angus Young, Brian May, Eddie Van Halen, Steve Vai, Yngwie Malmsteen

GUITARRAS:
Yamaha AES Dragon custom shop model, Yamaha RGX A2, Yamaha RGX 420

"Eddie Van Halen é o Jesus Cristo da guitarra, como afirmou nosso grande Edu Ardanuy", crava Rafael Bittencourt, repercutindo a declaração do amigo-músico.

Antes mesmo de tocar guitarra, instrumento pelo qual se projeta na banda Angra, sua ligação com o rock se dá curtindo as músicas de Queen e Raul Seixas.

"Foi importante criar uma relação com a música sem um instrumento. Eu já havia decidido que iria ser músico antes de aprender a tocar, mas com AC/DC e Iron Maiden a ideia se tornou uma fixação e, assim, permanece até hoje. Percebi a força da guitarra distorcida através do disco *The Number of the Beast*, do Iron Maiden (1982)", ele relata. "No início, minha motivação maior era tocar com os amigos e bagunçar. Eu tinha uma turma de skate, de surf, judô... A galera do skate curtia punk e hardcore, e com eles fiz minha primeira banda, Lixo Atômico. Tocávamos mal e porcamente *covers* de bandas de punk nacional, como Cólera, Ratos do Porão, Garotos Podres, Inocentes e Replicantes."

Com a entrada para o Angra e a gradativa aclamação como referência do metal nacional, as coisas começam a melhorar. Mas demoram um pouco...

"Eu não tinha nenhuma experiência e fiquei assustado com o nível de exigência dos produtores. Achava que tudo seria fácil e aprendi na marra conceitos básicos como *timing*, precisão e atenção", reconhece.

Fora dos palcos, a paixão pela guitarra leva Rafael Bittencourt a ser colunista e colaborador de revistas especializadas, como a *Guitar Player*, e professor na Escola de Música e Tecnologia (EM&T).

Renato Piau
A guitarra entre os malditos e os benditos

Renato Costa Ferreira
Teresina, PI, 1953

INFLUÊNCIAS:
J. Cezar (The Pop's), Lanny Gordin, Pepeu Gomes, Django Reinhardt, Tony Mottola, Jimi Hendrix

GUITARRAS:
Ibanez semiacústica, Fender, Gibson Les Paul

"Guitarra brasileira", para esse cara nascido no Piauí, é nome de disco. E nome de gravadora. E trabalho, estilo de vida, escolha pessoal. Renato Piau descobre cedo que seu destino é a música, quando tenta mexer nos instrumentos do grupo de suas tias e sempre leva bronca.

"Depois, minha mãe me colocou para aprender piano, mas não deu certo", resigna-se ele, que, já imerso no violão, viaja até Parnaíba – bem perto de Teresina, onde mora – e compra *Smash hits*, coletânea de Jimi Hendrix. "Corri atrás de conseguir uma guitarra e não parei mais!"

Mesmo com Hendrix nos ouvidos, é nas ruas do Piauí que o músico conhece alguns de seus heróis.

"Lá, tinha um cara que tocava uma guitarra bem bonita em festas da cidade, Assis David", resgata o guitarrista.

Piau sempre está entre os mestres, alguns deles desde bem no começo de carreira. É incentivadíssimo pelo poeta tropicalista Torquato Neto, ao chegar ao Rio, no começo dos anos 1970. Logo, se conecta com Luiz Melodia, com quem toca em vários discos.

"O conheci no Teatro Teresa Rachel, na época do show *Gal a todo vapor*, dirigido por Waly Salomão. Melodia usava um coturno ainda do tempo do exército, quando atendia pela alcunha de soldado Santos. Ficamos amigos, compadres e parceiros", celebra.

Outro maldito poderoso dos anos 1970, Sérgio Sampaio, estabelece com ele forte relação de compadrio, Piau está em sua estreia *Eu quero é botar meu bloco na rua* (1973). E ainda teve Tim Maia:

"Dele, eu já era fã desde o Piauí!"

Para publicar seu trabalho sem depender de gravadoras e editoras, Piau criou o selo Guitarra Brasileira, montando um elenco de cantores e guitarristas e até grupos, como o Exporta Samba.

"Consegui distribuir meu trabalho por Londres, Japão, Los Angeles", lista ele, autor de uma canção chamada "Blues do Piauí", com o amigo Carlos Galcão, que "vem do delta do [rio] Parnaíba, e o blues nasceu no delta do Mississipi, daí vem toda uma ligação que engloba tudo. Blues, xaxado e baião misturando tudo e transformando em MPB da maior qualidade."

Tim Maia

GRAVANDO: Warner, 1992
Tim Maia ao vivo

O nobre posto de guitarrista da banda de Tim Maia que já havia sido de Paulinho Guitarra nos anos 1970 fica com Renato Piau. Ele participa de dois momentos decisivos na vida do "Síndico": as tentativas de redenção após a fase Racional e o retorno definitivo ao público jovem, nos anos 1990. O Ao vivo, de 1992, disco independente vendido por Tim Maia à Warner, traz uma cachoeira de sucessos com o Piau na guitarra. E é um dos trabalhos mais populares dos quais ele participa.

"Tocava em uma banda chamada Os Brasinhas, no Piauí, e eu fazia a segunda guitarra. A gente tocava 'Cristina', 'Coroné Antonio Bento'... No Rio, fui apresentado a ele pelo cantor Fábio e pelo Hyldon", conta, com saudade.

Um dia, por acaso, encontra Tim almoçando em Botafogo, ao meio-dia, e então surge uma parceria que tem história.

"Levar minha guitarra para o som dele foi gratificante. Todos no grupo tinham uma concepção musical na qual me encaixei com atenção e bravura", orgulha-se Piau.

Ricardo Silveira
Bom de tocar e de ouvir

Ricardo Rodrigues Parente Silveira
Rio de Janeiro, RJ, 1956

INFLUÊNCIA:
Hélio Delmiro

GUITARRAS:
Condor, Fender Stratocaster, Gibson 175, Gibson 335, Yamaha AES 1500, Yamaha AEX 1500, PRS Hollowbody

O jovem Ricardo Silveira está na frente da TV assistindo ao *Programa Flávio Cavalcanti*, então um campeão de audiência sem precedentes, quando esbarra na apresentação do guitarrista Hélio Delmiro tocando o clássico do jazz "Autumn Leaves".

"Fiquei impressionado, nunca tinha visto alguém tocando daquela maneira. Eu ficava tirando as melodias das músicas que ouvia no rádio e tentando aprender sempre que via alguém tocar", diz, recordando-se de uma época em que ainda mal imagina o grande guitarrista, requisitadíssimo, que se tornaria.

Começa a ter aulas e a prestar atenção em heróis do instrumento como Pepeu Gomes e Sérgio Dias. O chamado definitivo vem na sequência, quando cursa música na Universidade Federal do Rio de Janeiro (UFRJ), e pelos dedos de um saxofonista e de um trompetista. Veja só!

"Estava interessado em jazz e assisti a um show de Vitor Assis Brasil, que foi gravado e virou disco. Fiquei impressionado e soube que ele e Marcio Montarroyos tinham estudado na [instituição de ensino superior em música nos Estados Unidos] Berklee, e que lá se ensinava harmonia aplicada à música popular e jazz. E tinha guitarra no currículo", relata Ricardo Silveira.

Não demora muito, ele vai fazer lá um curso de dois meses. Logo que conhece Montarroyos, é chamado por ele para tocar. Em Boston, faz amizade com um então iniciante guitarrista chamado Pat Metheny, que toca em um bar perto de sua casa. A partir daí, o número de nomes importantíssimos com os quais Ricardo faz shows, grava ou só produz é assustador. Faz audições na casa do violinista L. Shankar, toca com o flautista Herbie Mann e, de volta ao Brasil, atua com praticamente todo o mundo: Milton Nascimento, Elis Regina, João Bosco, Hermeto Pascoal, Ney Matogrosso. Mesmo garantindo a presença da guitarra na MPB, Ricardo Silveira, modesto, descarta ter modificado alguma coisa.

"O Marcio Montarroyos dizia que a diferença era que a minha geração se interessava por diversos estilos de música, sem preconceitos, e que, antes, o pessoal era mais especialista", comenta o guitarrista, até hoje impressionado de ter tocado com Milton (nos anos 1980) e Elis (pouco antes, na turnê do disco *Essa mulher*, de 1979).

"A consistência da Elis era impressionante. Passava muita confiança e, no palco, a gente sentia o prazer de estar tão perto de uma artista do mais alto nível", descreve.

High Life

Elektra Musician/WEA, 1986

GRAVANDO:
High Life

Aí, em meio ao estouro do rock nacional, as classes A e B descobrem o jazz, e a música instrumental vira sucesso em certas rádios. Após estrear solo, em 1985, com o disco Bom de tocar, Ricardo Silveira recebe um convite para participar do primeiro Free Jazz Festival e monta uma banda que inclui seus companheiros Carlos Bala (bateria), Luiz Avellar (teclados) e Nico Assumpção (baixo), com o acréscimo do amigo norte-americano Steve Slagle (saxofone). O projeto, que era para ser só uma continuação natural das apresentações de lançamento de sua estreia, vira um show no saudoso Jazzmania, em Ipanema, no Rio de Janeiro.

"Tocamos duas temporadas seguidas, de quarta a sábado. Ali, já acrescentamos as músicas do Steve, do Nico, do Luizinho. No fim, o Luiz sugeriu que a gente fizesse um disco de grupo e todos gostaram da ideia", comemora.

À época, a Warner brasileira traz para cá o conceito do selo Elektra Musician, de valorizar o som instrumental, e o grupo batizado High Life logo entra em estúdio para gravar um disco na batuta do improviso jazzístico, em apenas dois dias.

Rick Ferreira
"O" cara do *pedal steel*

Henrique Sérgio Werneck Ferreira
Rio de Janeiro, RJ, 1953

INFLUÊNCIAS:
Chet Atkins, George Harrison, Keith Richards, os irmãos Ray Davies e Dave Davies (The Kinks), Hank Marvin (The Shadows), Pete Townshend, Eric Clapton, Jimi Hendrix, Mark Knopfler

GUITARRAS:
Gretsch Viking, Fender Stratocaster, Fender Telecaster, Rickenbacker de 12 cordas

No que depender de Rick Ferreira, o lado country do rock nunca há de morrer. Graças à sua dedicação ao *pedal steel* (tipo de guitarra que se toca deitada, deslizando um bastão pelas cordas), o estilo aporta, com ganhos de qualidade, nas praias cariocas. E chega a centenas de discos clássicos do rock e da música brasileira em geral, incluindo o trio básico Raul Seixas-Erasmo Carlos-Belchior e, mais recentemente, a álbuns da banda Matanza.

"Esse instrumento me fascinou desde minha adolescência, quando ouvi pela primeira vez usado no solo da música "Wichita ineman" na gravação do Ray Charles", entusiasma-se Rick.

Adquire o primeiro *pedal steel* em 1974 e logo o coloca na gravação de "S.O.S.", música do álbum *Gita* (1974), de Raul Seixas.

"Era um Fender 10 Strings. Nessa época, havia umas poucas pessoas que traziam esses instrumentos. Não existiam lojas, como hoje. Meu interesse pelo *pedal steel* também veio pela paixão que sempre tive pela música country. O banjo foi antes do *pedal steel*. Comecei a tocar no início de 1970, quando quase ninguém aqui no Brasil sabia o que era", orgulha-se.

Criado em Ipanema, Rick aprende os primeiros acordes de violão em uma fazenda em Três Rios, com um sujeito que cuida do gado, chamado Jorge.

"Não havia professores de guitarra. Só de violão, e a maioria de violão clássico", descreve.

Aos 10 anos de idade, monta a banda The Goofies, com Pedro Lima (A Bolha) na outra guitarra, Dadi (A Cor do Som) no baixo e Paulo Affonso (hoje fotógrafo) na bateria. Toca ainda com Paulo Diniz (está nas músicas "Pingos de amor" e "Um chope pra distrair") e, em 1972, faz algumas gravações na Philips (hoje Universal) visando se lançar solo. É aí que o produtor Sergio Carvalho o apresenta ao iniciante Raul Seixas.

"Com exceção de *Krig-ha, bandolo!* (1973), gravei em toda a obra do Raul. Daí surge a maneira que ele carinhosamente passou a me chamar, 'meu fiel escudeiro'. Raul foi o melhor artista com quem eu trabalhei na vida. Não diria que era exigente, mas cuidadoso. Ele confiava nos músicos que gravavam com ele, como eu, Mamão [Ivan Conti, bateria, também Azymuth], Paulo Cezar Barros [baixo] e Miguel Cidras [arranjos]. Raul foi o amigo e o artista que eu tenho orgulho de dizer que abrilhantou minha carreira de músico", comemora Rick.

Em seguida, acumula trabalhos com Erasmo Carlos (toca com ele até 2009) e colabora nos álbuns *Eu queria ser um anjo*, de Luiza Maria (1975), e *Alucinação*, de Belchior (1976). Também grava solo: o compacto *Retalhos e remendos / Meu filho, meu filho*, de 1974, e o LP *Porta das maravilhas*, em 1977.

Sempre lembrado quando da necessidade de um guitarrista que domine bem os idiomas rock, blues e country, Rick mantém um estúdio em casa, onde faz produções e gravações. Apesar de ter sido praticamente autodidata (após a iniciação no violão, segue sozinho na guitarra), sua recomendação é clara:

"Estude! A vida de um músico não é fácil, é preciso muita dedicação".

Roberto de Carvalho
O doce vampiro da ovelha negra

Roberto Zenóbio Affonso de Carvalho
Rio de Janeiro, RJ, 1952

INFLUÊNCIAS:
Jimi Hendrix, John McLaughlin, Santana, Jimmy Page, Keith Richards, Jeff Beck

GUITARRAS:
"Gibsons e Fenders diversas"

Antes das cordas, Roberto de Carvalho domina as teclas.

"Comecei a tocar bem pequeno, aos 5 anos. Minha mãe era pianista, eu ficava observando. Mais tarde, fiz conservatório, onde me formei em piano clássico", orgulha-se o multi-instrumentista e compositor. "Antes da guitarra, veio o violão, e junto com ele o desespero para amplificar o som. Naquele tempo, acho que ainda não existia guitarra para comprar em loja. Tive um violão Rei, me senti como o próprio! Isso tudo na cola do meu primo Rubinho, mais velho que eu e mais instruído nos perrengues musicais."

Anos depois, Roberto acompanha Ney Matogrosso e Jorge Mautner até integrar a última formação da banda Tutti Frutti, que acompanha sua mulher Rita Lee.

"Eu tentava empresariar a Rita, que passava por uma época de muita turbulência. Aí, o Paulinho, que era o tecladista, quis sair. Entrei no Tutti Frutti nos teclados para simplificar a história porque já estava ali mesmo", conta. "Meu lance musical com a Rita foi acontecendo com o passar do tempo, organicamente, por afinidades, por estarmos juntos o tempo todo."

Roberto e Rita vivem juntos desde 1976 e desenvolvem uma das mais bem-sucedidas parcerias da história da música brasileira, responsável por inúmeros sucessos, tais como "Lança perfume", "Baila comigo" e "Mania de você". O filho mais velho do casal, Beto Lee, segue os passos do pai no instrumento e se destaca na banda da mãe.

"Ele é o melhor guitarrista de rock no Brasil atualmente", elogia o pai coruja.

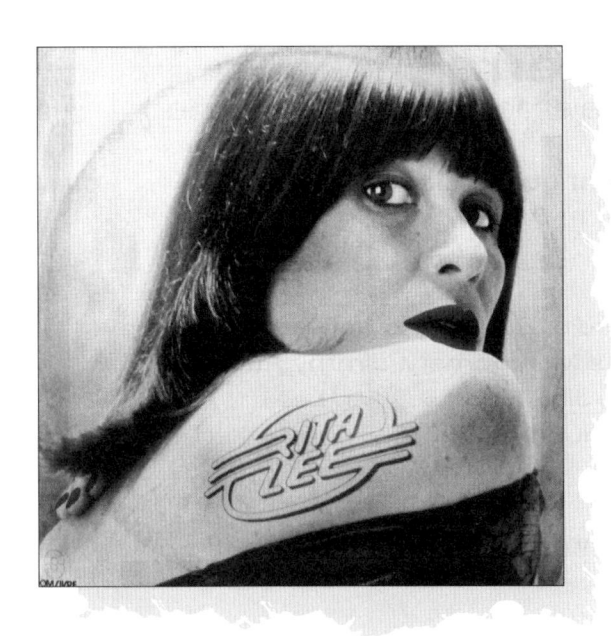

Rita Lee

GRAVANDO: 1979
Rita Lee

Rita Lee vem com um trabalho muito mais radicalmente roqueiro com o grupo Tutti Frutti nos discos anteriores a este, Rita Lee. Quando deixa a banda e lança o disco solo de 1979 – um estrondoso sucesso, registre-se – o som é muito mais polido, porém, não menos original.

O fato é que, a partir desse disco, o marido-guitarrista se torna seu maior parceiro artístico e começa sua fase de maior êxito comercial. A dupla passa a fazer dezenas de canções pop com letras inteligentes. Com os sucessos "Chega mais", "Doce vampiro", "Papai me empresta o carro" e "Mania de você", Rita Lee, o álbum, vende 400 mil cópias. Os próximos discos trariam "Baila comigo", "Lança perfume", "Saúde", "Banho de espuma", "Mutante" e muitas outras que se tornaram clássicas. Quando perguntado sobre qual álbum destacaria entre os que ele já participou na carreira, Roberto de Carvalho, no entanto, joga os holofotes em uma cria só sua.

"O disco solo que gravei em 1992. Há coisas ali das quais eu gosto muito", ressalta.

Sergio Serra
Um Ultraje no Clube da Esquina

Sergio Henrique Figueiredo Serra
Rio de Janeiro, RJ, 1965

INFLUÊNCIAS:
Lanny Gordin, Robertinho de Recife, Toninho Horta, Wes Montgomery, Jimmy Page, Jeff Beck, Jimi Hendrix, Alvin Lee, John McLaughlin, Johnny Winter

GUITARRAS:
Finch, Giannini, Gibson, Fender

Existe uma foto clássica, publicada no livro *Os sonhos não envelhecem: histórias do Clube da Esquina*, de Márcio Borges, em que o guitarrista Toninho Horta pilota um jipe com várias pessoas, bem apertadinhas. Essa imagem é conhecida, mas o que nem todo mundo sabe é que o rapaz cabeludo ao lado dele, segurando uma guitarra, é Sergio Serra, aos 15 anos de idade. Isso foi muito antes de integrar o Ultraje a Rigor, grupo no qual se projeta. O disco *Terra dos pássaros* (1980), do guitarrista mineiro, tem até uma dedicatória para ele.

"Meu pai era um dos coordenadores de produção da gravadora Odeon [hoje EMI] e eu vivia nos estúdios. Vi o Toninho gravando o disco *Amor de índio* (1977) com Beto Guedes e fiquei fã e amigo dele", relata Sergio Serra, que desde cedo se acostuma a escutar o pai falando de guitarristas brasileiros. "Ficava ouvindo Eric Clapton e Jeff Beck, e meu pai: 'o Hélio Delmiro engole esses caras todos!'"

Antes da guitarra, ele pensa em ser baterista ("Mas aí imaginei: vou ficar lá atrás e ninguém vai me ver..."). Chega às seis cordas por intermédio de audições sucessivas de "If 6 was 9", música de Jimi Hendrix incluída na trilha do filme *Sem destino*, e impactado por um pôster de Paul McCartney, no qual o beatle segura várias guitarras.

"Aos dez anos, me mudei para Teresópolis, em um lugar bastante isolado. Não conhecia ninguém. Para compensar, meus pais me deram uma moto e uma guitarra Giannini Mini-Músico", diz ele, que depois troca o instrumento por uma Finch.

Ainda garoto, Sergio Serra se torna amigo de Toninho e começa a dividir palcos com músicos que vão do jazz ao rock. Em 1982, Sergio Serra entra para o Barão Vermelho com a missão de ser a segunda guitarra da banda no palco ("só que era para eu solar um pouco e eu solava horas, não deu certo", diverte-se). Toca ainda com Leo Jaime e grava o disco *Sessão da tarde* (1985), um clássico. Fica amigo dos integrantes do Ultraje a Rigor e entra para a banda no meio das gravações de *Sexo!* (1987), o segundo disco. O fator determinante para sua entrada na banda é um solo "maneiríssimo", como ele próprio classifica, que fez no sucesso "Pelado", se jogando no chão do estúdio enquanto sola.

"O Liminha, produtor do disco, parou tudo e falou: 'Este é o cara!' Fiz um solo meio Johnny Winter, incomum para a época. Depois fizeram umas perguntas para ver se eu tinha a ver mesmo com eles e até me falaram: 'Pô, a gente quer você aqui, apesar de você ouvir Djavan e Beto Guedes, e ter esse suinguinho carioca...'", brinca.

Em meio aos trabalhos com a banda, toca com Lobão (no disco *Cuidado!*, de 1988) e monta o supergrupo Telefone Gol, com Dé Palmeira (baixo), Nani Dias (guitarra) e Kadu Menezes (bateria). O último disco que Sergio grava com o Ultraje é o *Acústico MTV*, em 2005. De lá para cá, ele faz shows solo e prepara seu segundo disco, sucessor de *Labirinto vertical*, de 2009.

Victor Biglione
Sem qualquer rivalidade, as cordas portenhas se dispõem a serviço da guitarra brasileira

Victor Biglione
Buenos Aires, ARG, 1958

INFLUÊNCIAS:
Sérgio Dias, Pepeu Gomes, Lanny Gordin,

Heraldo do Monte, Hélio Delmiro,
Robertinho de Recife, Perinho Santana,
Jimi Hendrix, Santana, Peter Green,
George Benson, John McLaughlin

GUITARRAS:
Faim (argentina), Giannini SG, Snake,
Fender Stratocaster, Fender Telecaster,
Gibson Les Paul, Gibson 175, Gibson ES 330,
Gibson ES 345 Stereo, Ibanez Goldstar,
Washburn J6 Montgomery, Washburn J7,
Washburn HB 35, Washburn Stratocaster

O que um argentino está fazendo no livro sobre os heróis da guitarra brasileira? Victor Biglione nasce em Buenos Aires, é verdade, mas é no Brasil que serve com sua guitarra aos grandes artistas nacionais, tais como Gal Costa, Ivan Lins, Chico Buarque, Cássia Eller ou o grupo A Cor do Som, em que substitui Armandinho.

"São mais de 300 nomes", orgulha-se o carioca-portenho.

Mesmo baseado no Rio de Janeiro, a decisão pelo instrumento tem o dedo, não de um brasileiro, mas de um guitarrista mexicano.

"Vim para o Brasil com 5 anos de idade. Comecei a tocar guitarra com 12, depois que vi o Santana no Municipal, aquilo foi uma porrada", impressiona-se ainda hoje. "Minha mãe sempre ouviu em casa Jimi Hendrix, Led Zeppelin, essas coisas. O meu LP *Axis: Bold as Love* [segundo da discografia do *The Jimi Hendrix Experience*] é original da minha mãe de 1969." No mesmo ano, a segunda porrada:

"Quando vi o Lanny Gordin tocar, não entendi nada. Foi o cara que mais me pirou", elogia.

Biglione estreia solo em 1986 e lança diversos discos, destaque para *Baleia azul*, de 1987, e *Quebra-pedra*, de 1989. Em 1998, estreia uma frutífera parceria com o guitarrista inglês Andy Summers, célebre no grupo inglês de rock The Police. A dupla grava discos e faz shows Brasil afora.

"Ele é um cara que mudou totalmente a sonoridade da música pop. Mostra como é importante ter uma voz própria no instrumento", ensina.

A Cor do Som

GRAVANDO: Warner, 1982
Magia tropical

Não é mole ser o substituto de Armandinho, o guitarrista original de A Cor do Som.
"Falei, antes de mais nada: 'Veja bem, meu estilo não tem nada a ver com o do baiano...'", ressalta Victor Biglione, escalado para o posto em 1982. "E mais: eu não toco guitarra baiana!", completa, citando o exótico instrumento que projeta Armandinho na banda e que foi criado por seu pai, Osmar Macêdo, junto do parceiro Dodô. O estilo é diferente, mas Victor Biglione consegue se destacar em músicas como "Menino Deus" e a faixa-título. Compõe também alguns temas, como a instrumental "Outras praias" e grava ainda, em 1983, mais um disco com a banda, As quatro fases do amor.
"Desde o início, eu já fazia frases jazzísticas, mas com uma sonoridade da guitarra não de jazz, mas mais suja", define. "Isso me deixou livre para transitar por estilos variados e me abriu portas", completa.

Guitarrada
O RITMO DANÇANTE QUE TEM A GUITARRA NO NOME

A guitarrada é um fenômeno musical-artístico do Pará do início dos anos 1970. Um tipo de lambada misturada com outras coisas do Caribe. Mas não é só isso: também tem choro, maxixe, carimbó, cúmbia, merengue e, vai vendo, até Jovem Guarda e surf music... Impossível não chacoalhar com os temas (em sua maioria) instrumentais, mas tocados com ênfase na guitarra e atitude rock and roll.

Afinal, quem inventou e desenvolveu esse novo gênero para a guitarra? O crédito é de Joaquim de Lima Vieira, paraense de Barcarena que viria a se consagrar como Mestre Vieira. Aos cinco anos de idade, ele já toca banjo. Depois cavaquinho, bandolim... O garoto não para. O próximo passo? Tocar mais alto.

"Vi um filme que tinha uma guitarra e fiquei doido. Consegui uma guitarra quebrada, botei cordas de violão e fiz um amplificador com bateria de carro", conta Vieira, em entrevista a Aguirre Talento, do jornal *Folha de S.Paulo*, em 2012.

A primeira guitarrada data de 1978, no disco *Lambadas das quebradas*, creditado a Vieira e a Seu Conjunto. Em sua trajetória, o paraense ganha até o *status* de Melhor Guitarrista do Mundo (verdade, foi por uma revista da Escócia). Desde 2003, integra o interessante grupo Mestres da Guitarrada, junto de outros heróis, Mestre Curica e Aldo Sena (este último traz ainda influências do rock).

Mestre Solano (um baita solista, como sugere o próprio nome) também deve ser citado quando se fala da guitarrada. Assim como Chimbinha (Cledivan Almeida Farias), da banda Calypso, que ajuda a jogar holofotes para a música de seu estado unindo influências do universo pop (em seu início de carreira, ganha o apelido de "Mark Knopfler do brega", em referência ao guitarrista da banda inglesa de rock Dire Straits) às sonoridades paraenses.

O aumento da popularidade da guitarrada muda a cena musical de Belém e do próprio Pará, e atinge todo o Brasil. Os grupos La Pupuña e Cravo Carbono são alguns dos mais recentes nomes da guitarrada na cidade, assim como o cantor e compositor Felipe Cordeiro. Do La Pupuña, por sinal, vem o guitarrista Felix Robatto, que hoje faz parte da banda do maior fenômeno pop do Pará, a diva do tecnobrega Gaby Amarantos. À música da cantora, empresta o que classifica como "sotaque".

"A guitarrada é um sotaque da guitarra tocada pelo guitarreiro. Originalmente, é uma música instrumental. Mas se encaixa em vários outros estilos: no carimbó, no merengue, na lambada e até no tecnobrega", lista Robatto, em entrevista à Rede Globo. "Na música da Gaby há influência da guitarrada e da guitarra usada na música brega paraense da década de 80. No La Pupuña, a ideia era misturar guitarrada com tudo: rock, quadrilha, carimbó. Chamávamos nosso estilo de guitarrada progressiva. Não tinha apelo de mercado, não tinha que ser pop. Hoje, tudo sofre adaptação", completa.

Mestre Vieira
Joaquim de Lima Vieira
Barcarena, PA, 1934

INFLUÊNCIAS:
"Ele aprendeu a tocar guitarra com influência do choro e outros estilos, como o foxtrote", diz Givaldo Pestana, biógrafo do Mestre

GUITARRAS:
Tagima, Fender, Ibanez semiacústica

Chimbinha
Cledivan Almeida Farias
Belém, PA, 1974

INFLUÊNCIAS:
Mestre Vieira, Aldo Sena, Roy Orbison, Santana, Mark Knopfler

GUITARRAS:
N.Zaganin, Paul Reed Smith, Fender Stratocaster

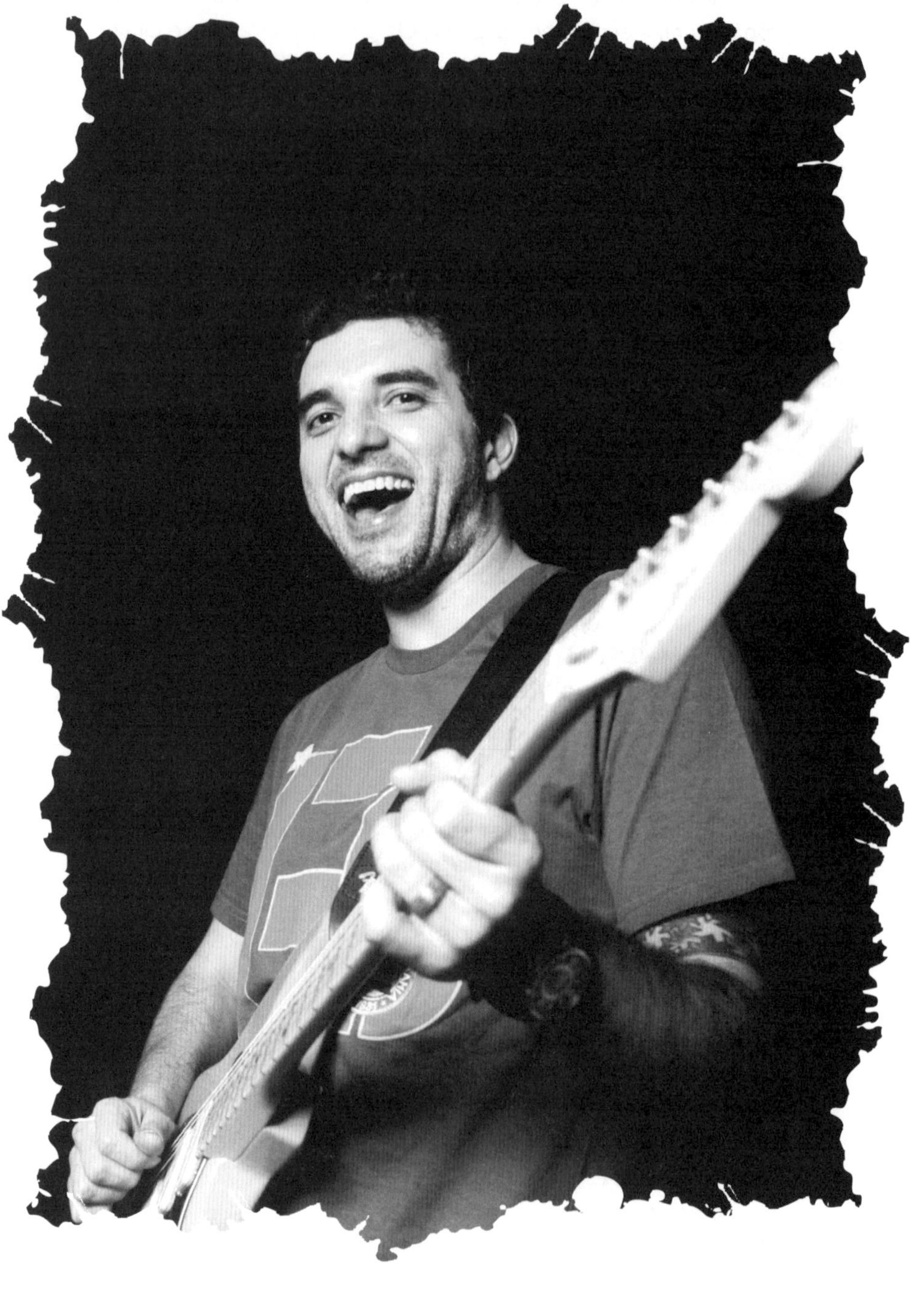

4

EI, VOCÊS NÃO VÃO FALAR DA GENTE?

Imagina falar
de guitarra brasileira
**sem citar
esses caras...**

Do Brasil é dito ser o país do futebol, mas é historicamente também reconhecido mundo afora pela qualidade de sua música. E, dentro dessa fartura de talentos à disposição, não é exagero dizer que o Brasil é um país de guitarristas. Ora, pois se eles não param de surgir, aos montes, em quantidade e qualidade? Uma nova (ou já nem tão nova assim, vá lá) geração de heróis do instrumento está aí, em palcos e estúdios, arrebatando admiradores, continuando a história.

E já acumulam estrada, casos, experiências curiosas, divertidas, reveladoras, didáticas. Jr. Tostoi, por exemplo, faz sua confissão:

"A primeira guitarra elétrica eu ligava no *receiver* dos meus pais. Não tinha 'ampli' e estourava o *tweeter* das caixas de som", diverte-se, ao recordar.

O guitarrista carioca termina por conhecer o célebre produtor Tom Capone (1966-2004), que o apresenta a vários artistas: Paulo Ricardo, Lobão e mais um monte, até parar com Lenine.

"Mas sempre com algum trabalho próprio, ao mesmo tempo em que tocava com outros artistas", frisa Tostoi, que em 1997 funda (com o também guitarrista Marcello H) a banda Vulgue Tostoi. "Nunca pensei em ser músico de apoio, me ligava muito em banda: se o guitarrista fosse 'fodão', mas a banda dele não tivesse canções que eu gostasse, aquilo não me interessava."

Também do Rio de Janeiro desponta Gustavo Benjão (das bandas Do Amor e Abayomy Afrobeat Orquestra). Que, por sua vez, destaca entre seus ídolos um contemporâneo e conterrâneo: Pedro Sá.

"Quando eu vi o Pedro tocando, me caiu uma ficha de que, para ser bom guitarrista, você não precisa tocar mil notas por segundo. Às vezes, o menos é mais", elogia Benjão, em entrevista ao jornalista Silvio Essinger do jornal O *Globo*.

Pedro Sá começa no grupo Mulheres Q Dizem Sim e hoje toca na Orquestra Imperial e com Caetano Veloso. Caetano segue a dica do filho, Moreno, ao recrutar Sá para a guitarra de sua banda Cê. O primeiro disco da nova banda do baiano, *Cê*, de 2006, traz o cantor e compositor em uma nova fase roqueira, em que Sá sola à vontade (usualmente com timbres retrô). O álbum ganha comparações com o célebre disco de Caetano, *Transa*, de 1972.

E se o assunto é sobre guitarras antigas, o cearense Fernando Catatau é um apaixonado.

"Não precisa ser instrumento velho, tem que ser bom. Claro que atualmente existem coisas novas boas, mas eu curto o som de madeira velha", ressalta.

O músico funda em 1994 a banda Cidadão Instigado.

"Eu me apaixonei pela guitarra e por tudo o que vinha agregado a ela. Quando ouvi Santana pela primeira vez foi outro marco. Eu me lembro bem de pensar: 'É assim que eu quero tocar, uma nota de cada vez'. Fui atrás de ter aulas. É bom você ter os dois tipos de aprendizado: o intuitivo é o mais importante, mas a técnica é fundamental para conseguir ir junto com o pensamento."

Assim como vivenciam muitos dos nossos antigos heróis, Bruno Kayapy passa por aquelas dificuldades praticamente intransponíveis – isso já nos anos 1990! – que quase privam o mundo de muitos músicos fantásticos.

"Não havia professores, nem lojas de instrumentos. Ver uma guitarra Fender ou Gibson em Cuiabá era como um camelo tomando sol em plena praia de Copacabana", compara o guitarrista. "Por outro lado, tive a sorte de começar na música antes da internet, aquela *vibe* de sair de pezão e ir à casa dos *brothers* para saber qual era o som novo que a galera estava ouvindo ou tinha descoberto. Essa foi a minha escola, trocar K7s e ficar ouvindo e tocando todas as músicas."

Kayapy cria, em 2004, a banda Macaco Bong. Mesmo ano em que sai de cena seu maior ídolo, o guitarrista norte-americano Dimebag Darrell, da banda de heavy metal Pantera, assassinado em pleno palco.

"Ele foi o cara que me influenciou mesmo e foi responsável por eu fazer o que faço hoje", diz. "Pantera foi a banda que abriu a minha cabeça para a música e para a guitarra, no timbre, na pegada, na atitude do som. São os meus 'Beatles'. Dime é o Lennon da minha época", define.

Em entrevista ao site *Rock em Geral*, do jornalista Marcos Bragatto, Kayapy revela ter estudado violão erudito por cinco anos.

"Mas não suporto ler partitura", conta. "Meu estilo de tocar é totalmente intuitivo, vem da minha cultura, da forma como cresci, na raça, no modo cru e real."

Outros músicos feras que não podem ficar de fora têm a música (e a guitarra!) no DNA: Pedro Baby (filho de Pepeu Gomes) e Beto Lee (filho de Roberto de Carvalho e Rita Lee).

"Meus pais têm uma bela coleção de discos e eu suguei muito ali", conta Beto.

Inclua também Davi Moraes, herdeiro não de um guitarrista, mas de Moraes Moreira, violonista, cantor e compositor de primeira. Esses três, inclusive, enquanto finalizávamos este livro, armaram um trio que, só pela concepção do projeto, já desperta curiosidade:

"Não existe roda de capoeira? Roda de samba? Então, estamos bolando uma roda de guitarras!", planeja Beto Lee.

Beto Lee
Roberto Lee de Carvalho
São Paulo, SP, 1977

INFLUÊNCIAS:
Jimi Hendrix, Ace Frehely

GUITARRA:
Tagima

Bruno Kayapy
Bruno Lima Sampaio
Tangará da Serra, MT, 1986

INFLUÊNCIAS:
Luiz Bonfá, Robert Jonhson, Pat Metheny, Dimebag Darrell, Scott Henderson

GUITARRAS:
Samick, Jackson, Fender Stratocaster, Telecaster Squire

Davi Moraes
Davi Cunha Moraes Pires
Rio de Janeiro, RJ, 1973

INFLUÊNCIAS:
Pepeu Gomes, Armandinho, Robson Jorge, Lanny Gordin, Paulinho Guitarra, Robertinho de Recife, Jeff Beck, Jimi Hendrix

GUITARRAS:
Giannini Les Paul, Fender Stratocaster e Telecaster, Gibson Les Paul, Gibson 335, Paul Reed Smith, Gretsch

Fernando Catatau
Fernando Eduardo Ary Junior
Fortaleza, CE, 1971

INFLUÊNCIAS:
Jimmy Page, Santana, Richie Havens, Roy Buchanan, Tony Iommi, David Gilmour, Robert Smith

GUITARRAS:
Giannini, Golden, Alamo Titan, Dunamiz Lobiscaster, Wandre Cobra, Wandre Polyphon, Gibson SG Junior, Hofner 4578 Vmw, "entre outras..."

Gustavo Benjão
Gustavo Carraz Guimarães
Rio de Janeiro, RJ, 1978

INFLUÊNCIAS:
Pepeu Gomes, Mestre Vieira, Aldo Senna, Pedro Sá, Davi Moraes, Jimi Hendrix, Slash, Ibrahim Ag Alhabib (Tinariwen), Dean Ween

GUITARRAS:
Gianinni Supersonic, Gretsch Eletromatic, Fender Stratocaster, Gibson Flying V

Jr. Tostoi
Gladson Azevedo Pinha Junior
Rio de Janeiro, RJ, 1969

INFLUÊNCIAS:
Lulu Santos, Lanny Gordin, Edgard Scandurra, Ricardinho Palmeira, Marc Ribot, Keith Richards, Jeff Beck, Jimmy Page, Jimi Hendrix, Robert Fripp, Eddie Van Halen, The Edge, Prince, Adrian Bellew, Trent Reznor

GUITARRAS:
Surf Tone (*luthier* Gil Fortes), Giannini, N.Zaganin, Zaganin Blend de 12 cordas, Fender Telecaster, Yamaha semiacústica ("que até hoje não sei o modelo, nem acho na internet")

Pedro Baby
Pedro Baby Cidade Gomes
Rio de Janeiro, RJ, 1978

INFLUÊNCIAS:
João Gilberto, Pepeu Gomes, Davi Moraes, Armandinho, Jimi Hendrix, Stevie Ray Vaughan, Santana, Jeff Beck, George Benson, Django Reinhardt, Al Mackay, Albert King, Jimmy Page, Eddie Van Halen, Wes Montgomery, Bruce Conte

GUITARRAS:
N.Zaganin, Paul Reed Smith, Fender e Gibson

Pedro Sá
Pedro de Sá Tapajós Santos
Rio de Janeiro, RJ, 1972

INFLUÊNCIAS:
Jimi Hendrix, João Gilberto, Jorge Ben Jor, Lanny Gordin, Pepeu Gomes, René Clair, Andy Summers, Sérgio Dias e Jimmy Page

GUITARRAS:
Fender Stratocaster, Giannini Supersonic e Teisco (japonesa)

SEM ELES, TAMBÉM NÃO HAVERIA HISTÓRIA DA GUITARRA NO BRASIL:

Este livro não acaba aqui. Ele não tem fim.

Continua na internet, em **www.heroisdaguitarrabrasileira.com.br**. *Lá são postadas regularmente mais histórias – desses heróis e de tantos outros que nos escapam agora, mas que logo vão figurar nesta lista sempre atualizada – em textos inéditos ("capítulos perdidos"), entrevistas exclusivas na íntegra (também em áudio), fotos, vídeos e muito mais.* **Muito obrigado a todos e... força na guitarra!**

Adair Torres
Alex Martinho
Alexandre Fontanetti (Rita Lee/Bruna Caram)
Aristeu dos Reis (RC7)
Bem Gil (Gilberto Gil)
Bernardo Bosisio (Paraphernalia, Jorge Vercillo)
Big Gilson
Big Joe Manfra
Billy Brandão
Carlo Bartolini (Ultraje a Rigor)
Cecelo Frony (Fagner/Tavito)
Celso Fonseca
Celso Vecchione (Made in Brazil)
Clemente (Inocentes/Plebe Rude)
Claudio Zoli
Dado Villa-Lobos (Legião Urbana)
Daniel Cheese
Daniel Sant'Ana
Dicastro (Sangue da Cidade)
Digão (Raimundos)
Dino Rangel
Douglas Viscaino (Restos de Nada)
Drenna
Duca Leindecker
Dustan Gallas (Céu)
Edgard Gianullo (Celly Campello)
Eduardo Chermont (Patrulha do Espaço)

Fejão (Escola de Escândalos)
Felipe Pinaud
Fernando Caneca (Marisa Monte/Simone/Zélia Duncan)
Fernando Deluqui (RPM)
Fernando Magalhães (Barão Vermelho)
Fernando Vidal (Marina Lima/Paula Toller/Seu Jorge /Fernanda Abreu)
Flavia Couri (Doidivinas/Autoramas)
Gabriel Muzak
Gabriel Thomaz (Autoramas)
Geraldo Brandão (Rio Música)
Greg Wilson (Blues Etílicos)
Guilherme Schwab
Gustavo Mullem (Camisa de Vênus)
Gustavo Ruiz (Tulipa Ruiz/Vanessa da Mata)
Guto Barros (Blitz)
Heitor Nascimento (Gerson King Combo)
Hugo Mariutti (Shaaman)
Ivan Mariz (Beale Street)
Ivinho (Ave Sangria)
J. César (The Pop's)
Jairo Guedz (Sepultura)
Jander Bilaphra (Plebe Rude)
John Ulhoa (Pato Fu)
Jorge Amiden (O Terço)
Jorge Ben Jor
Junior Muzilli (Salário Mínimo)
Karl Hummel (Camisa de Vênus)
Laurindo de Almeida
Liminha
Loro Jones (Capital Inicial)
Louise Rabello (banda do programa Altas Horas)
Lucas Vasconcellos (Lettuce)
Luiz Lopez (Filhos da Judith/Erasmo Carlos)
Manfredo (Eletro/Eletrodomésticos)
Marcelo Fromer (Titãs)
Marcelo Toledo
Marco Tulio Lara (Jota Quest)
Marina Lima
Maurício Negão

Mauricio Sahady
Miguel Barella (Voluntários da Pátria)
Mingo (Domingos Orlando, Os Incríveis)
Nani Dias
Neilton (Devotos)
Nelson Faria
Nuno Mindelis
Otávio Rocha (Blues Etílicos)
Paulo Gui (Stress)
Paulo Zdanowski (Brylho)
Paulinho Rocketh (Tim Maia)
Philippe Seabra (Plebe Rude)
Peu (Pitty)
Percy
Rafael Crespo (Planet Hemp)
Redson (Cólera)
Renato Rocha (Detonautas)
Ricardinho "Cafubá" Silva (Melanina Carioca)
Ricardo Marins (Preta Gil)
Risonho (Waldemar Mozema)
Roberto Offredi "Baboo"
Roberto Menescal
Rodrigo Netto (Detonautas)
Roger Rocha Moreira (Ultraje a Rigor)
Samuel Rosa (Skank)
Sérgio Buss
Sérgio Chiavazzoli (Gilberto Gil/Oswaldo Montenegro)
Sérgio Rocha (Baseado em Blues)
Sérgio Zurawski (Belchior)
Sydnei Carvalho
Syoung (PUS)
Tomati (Sexteto do *Programa do Jô*)
Tom Capone
Tony Bellotto (Titãs)
Torcuato Mariano
Victor Gaspar
Wagner Bennatti (Pholhas)
Walter Villaça (Cássia Eller/Simone)
Yves Passarell (Viper/Capital Inicial)
Zé Maurício (Tim Maia/Raul Seixas)

VALEU, GALERA!

Quando a Editora Irmãos Vitale nos convidou para escrever *Heróis da guitarra brasileira*, pensamos que em dois meses teríamos tudo pronto. Doce ilusão: foram três, quatro, cinco, seis, sete, oito meses de telefonemas, pesquisas, buscas a figurinhas difíceis de encontrar, apurações, pautas, nomes que entraram, nomes que saíram, novas descobertas, madrugadas viradas, fins de semana de muito trabalho. Foi difícil, mas está aí: conseguimos mapear, em tempo recorde, a história verde e amarela das seis cordas elétricas, contada por seus principais personagens.

Agradecemos a todos os amigos que estiveram ao nosso lado nessa viagem, perguntando pelo livro, dando força, mandando boas vibrações. E a todas as pessoas que contribuíram com detalhes técnicos, fatos históricos, novos nomes, novidades, pistas sobre como achar alguns de nossos heróis. A todos vocês, nosso muito obrigado!

Alan James, Albert Pavão, Alessandra Debs, Alice Turnbull, Alô Prado, Ana Paula Aschenbach, Arthur Maia, Ayrton Mugnaini Junior, Beatriz Guanabara Sussekind, Bebel Prates, Bruna Fonte, Claudia André (Robertinho de Recife), Claudia Menezes, Claudio Salles, Cristiano Bastos, Damaris Hoffman (Angra/Kiko Loureiro e Rafael Bittencourt), Eduardo Reis, Edu Krieger, Eliane Veronezzi (Dr. Sin/Eduardo Ardanuy), Erica Imazawa (Ratos de Porão/Jão), Esmeria Bulgari, Fuzzcas (Carol, Lucas, Parracho), Felipe O'Neill, Guilherme Scarpa, Henrique Kurtz, Jane Lapa, Joca Vidal, Julio Moura (Alceu Valença), Karla Rondon Prado (e a todos da equipe do Caderno D do jornal *O Dia*), Leandro Barreto (Pedro Baby), Lee Martinez, Luiz Calanca (Baratos Afins), Luiz Melodia & Jane Reis, Maria Estrella, Mario Dias, Mario Marques, Mattoso Vinicius Produções Artísticas (Frejat), Mauro Ferreira, Nelson Ricardo Sanches, Rafael Millon, Monica Lima (Wander Taffo), Mauro Ferreira, Monica Ramalho, Patricia Sá Moura (Armandinho Macêdo), Paulo Lopez, Pedro Neves (Factoria/Lulu Santos), Raphael Vaz da Silva, Renato França, Renato Ladeira (A Bolha/Pedro Lima), Roberto Fontanezi, Robson Jorge Junior, Rodrigo Sabatinelli, Rick Bonadio, Rolando Castello Junior, Ruth Castro, Silvio Atanes, Simone Sobrinho (Pepeu Gomes), Tiago Velasco, Willy Verdaguer.

Leandro Souto Maior

Para meus pais, Nelson Souto Maior e Georgina Maria Rodrigues; minhas irmãs Bia, Marcia e Tania; e meu tio Nilson Souto Maior, que me colocaram nas mãos, pela primeira vez, discos dos Beatles e começaram essa minha paixão pela música. Além dos meus mestres da guitarra, Heitor Nascimento, Luis Chaffin, Zé Maurício e Paulinho Guitarra. Para o meu broto, Mariana Dantas, e, claro, para Ricardo Schott.

Ricardo Schott

Para Gabriela Pompilio, meus pais, meus avós (in memoriam), meus tios Cicero Jorge e Marcia Barreto (que sempre perguntam pelo livro), para todos os amigos que não aguentam mais ouvir falar dessa história de livro (especialmente Leandro Adena, Luciana Robaina, André Nascimento, Eduardo Ramalho e Dany Redner). E, claro, para Leandro Souto Maior.

LIVROS

ALEXANDRE, Ricardo. *Dias de luta:* o rock e o Brasil dos anos 80. 2. ed. Porto Alegre: Arquipélago, 2013.
ALVES, Luciano (Coord.). *O melhor de Pepeu Gomes.* São Paulo: Irmãos Vitale, 1998.
BARREIROS, Edmundo; SÓ, Pedro. *1985:* o ano em que o Brasil recomeçou. Rio de Janeiro: Ediouro, 2005.
BETING, Mauro; PETILLO, Alexandre. *A ira de Nasi.* 1. ed. Caxias do Sul: Belas Letras, 2012.
BORGES, Márcio. *Os sonhos não envelhecem:* histórias do Clube da Esquina. 5. ed. São Paulo: Geração Editorial, 2004.
CALADO, Carlos. *A divina comédia dos Mutantes.* 2. ed. São Paulo: Editora 34, 1996.
CASTRO, Ruy. *A onda que se ergueu no mar:* novos mergulhos na bossa nova. 1. ed. São Paulo: Companhia das Letras, 2001.
DAPIEVE, Arthur. *BRock:* o rock brasileiro dos anos 80. 2. ed. São Paulo: Editora 34, 1996.

FILMES

CARNEIRO, Pedro Paulo; LAMOUNIER, Roberto (Dir.). *E aí, Hendrix?* Documentário, 110 min. Brasil: TVC Produções/TVGD Produções, 2010.
TERRA, Renato; CALIL, Ricardo (Dir.). *Uma noite em 67.* Documentário, 93 min. Brasil: Videofilmes/Record Entretenimento, 2010.

TELEVISÃO

Brasil Adentro – Música do Pará. Direção, curadoria e apresentação de Charles Gavin. Canal Brasil, 2012.

SITES

Billboard Brasil (www.billboard.br.com/pt-br)
Dicionário Cravo Albin da Música Popular Brasileira (dicionariompb.com.br)
Freakium (www.freakium.com)
Gafieiras (gafieiras.com.br)
Isto É (www.istoe.com.br)
Mundo Roupa Nova (www.mundoroupanova.com.br)
Museu Clube da Esquina (www.museuclubedaesquina.org.br)
Músicos do Brasil (www.musicosdobrasil.com.br)
O Dia (odia.ig.com.br)
O Globo (oglobo.globo.com)
Revista de História da Biblioteca Nacional (www.revistadehistoria.com.br)
Senhor F (www.senhorf.com.br)
Terra (www.terra.com.br/portal)
UOL (www.uol.com.br)
Velhidade (velhidade.blogspot.com.br)
Vintage Guitars (www.vintageguitar.com.br)
Whiplash Net (whiplash.net)
Wikipedia (pt.wikipedia.org)
YouTube (canais Venegas Music TV e ASCAP)
Sites oficiais dos artistas e de suas bandas

REVISTAS/PERIÓDICOS

Cover Guitarra, Folha de S.Paulo, Jornal do Brasil, Música, O Dia, O Globo, Rolling Stone Brasil